「日本再生」の指針

聖徳太子『十七条憲法』と「緑の福祉国家」

岡野守也

太陽出版

はじめに

三・一一の大地震―津波―原発事故以前も、これから日本はどうなるのだろう、どうしたらいいのだろう、自分には何ができるのだろう、と不安・とまどい・問いをもっていた心ある市民・国民はたくさんいたのだと思う。しかし、とはいってもとりあえずしばらくは何とかこの日常が続くだろう・続いてほしいと思ってきたのではないだろうか。大震災以降も、被災地以外では元どおりの日常が戻ってきているかのような空気（実は錯覚だと思う）もある。

しかし少していねいに情報を収集―分析していれば、このままでは日本という国が衰退―崩壊していく可能性は決して小さくないことに深い危惧《きぐ》の念を抱くことになったのではないか。それは、真実を知れば知るほど絶望に近い恐怖にまでに高まるはずだ、と筆者は考えている。

リーマン・ショック、ドバイ・ショックのあと、景気の低迷、政治の混迷は続いていて、三・一一以前も、実は日本の政治・経済・社会システムはそのままでは続かない、つまり持続不可能であることは、わかる人にはわかっていたのではないだろうか。自然資源の大量使用―大量生産―大量消費―大量廃棄―自然環境の大規模汚染・荒廃という近代の産業・社会システムがエコロジカル（生態学的）に持続不可能であることは、すでに多くの識者が指摘してきたとおりである。

大地震—津波—原発事故、とりわけ放射能による環境汚染は、日本という国のそういう持続不可能性をあまりにも悲惨《ひさん》で明らかなかたちで私たちの目に突きつけたのだ、と筆者は解している。今までどおりではもうやっていけないのだ、と。

震災以前から筆者は、日本をいかにしてすべての国民が安心・安全に暮らせる「持続可能な国」にするか、その道筋・大筋を明らかにするための探究を行なってきた。自分で言うのもなんだが、いわば「渾身《こんしん》の力を注いで」きた。本書は、その成果の主要なしかし一部である。

日本という国の原点・出発点は日本初の憲法つまり国のかたちである聖徳太子『十七条憲法』にある。そこには、日本がどうすれば人間と人間の平和と自然と人間の調和に満ちた永続しうる国になれるか、国家建設の理念・理想と実現のための基本的方法が示されていた。

しかしそれはもちろん古代のものであるから、現代に適用するには現代の産業・経済・政治・社会システムを具体的にどうするかのビジョンを加える必要がある。そして、世界自然保護連盟やOECD（経済協力開発機構）など信頼しうる諸機関の国際的評価を見れば、「持続可能な国づくり」を計画的に着々と進めていて世界の先頭を切っているのがスウェーデンであることは定評だと言っていい。

ならば、『十七条憲法』の「和の国・日本」という原点からスウェーデンの「エコロジカルに持続可能な国家・緑の福祉国家」というモデルの到達点へ、いわばぐいと直線を引けば、その延長線上に、これからの日本をどう復興・再生し、持続可能な国にしていくか方向が明らかになるはずである。本書は、そのことを七回にわたって述べた講義録である。

元の講義および雑誌連載は、三・一一以前のものなので、原発のこと、復興のためのアイデアなどは十分書き込まれていない。しかしそれらをも含む「日本再生」の大筋を示す指針としてはこれで十分だと思う。そして、確かに絶望に近い状況ではあるが、こうした指針に沿って日本人が本気で行動すれば、まちがいなく希望も見えてくるはずである。

……と大上段に振りかぶった筆者の構えをどう受け止めてくださるかは、もちろん読者にお任せするほかない。

最後に、元の原稿を読み、現時点での出版の意義を見出してくださった㈱ザ・ブックの山下隆夫社長に心からの感謝の意を表したいと思う。

二〇一一年六月一一日　東日本大震災後三ヵ月

岡野守也

「日本再生」の指針◉目次

はじめに　3

第一講 ―――――― 14

千年に一度の「東日本大震災」　14
「和」の国・日本のすばらしさ　15
「国のかたち」を掲《かか》げた「日本初の憲法」　18
「和」という国家理想の意味　21
聖徳太子へのアレルギー反応　23
「聖徳太子像」を読み取る　26
それにしても「聖徳太子は実在したのか?」　28
自国の歴史を肯定的に読む権利　34
仏教を受け容《い》れるかどうかの大問題　38
まず「摂政《せっしょう》」で足場を固める　41
「仏教の国教化」と「和という国家理想」　42
平和を実現する実力　45
兄弟の犠牲による平和?　47

『冠位十二階制』の意味　48
『十七条憲法』の発布《はっぷ》　50
「大化の改新」を準備した遣隋使《けんずいし》　51
聖徳太子が遺《のこ》したもの　53

第二講　57

進歩派の端《はし》くれが聖徳太子を発見するまで　57
普遍的な理想の国家像　62
十七条全体の組み立て　64
第一条から第三条の重要度について　67
テクストとコンテクスト　68
第一条　「和」でどんな困難も解決できる　70
第二条　篤《あつ》く三宝《さんぼう》を敬《うやま》え　80
第三条　リーダーと権力の存在理由　87
第四条　リーダーが模範《もはん》を示す　96

第三講　101

国家の目指す方向――自治―徳治―法治　101
第五条　公正な裁きによる統治　102

第六条　法による統治　109
第七条　菩薩《ぼさつ》的なリーダーによる統治　115
第八条　官僚たちに求められる精進　122
『十七条憲法』とこれからの日本　123

第四講　126

第九条　相互信頼と信の共有　126
第十条　凡夫の自覚の共有　132
第十一条　信賞必罰による統治　137
第十二条　愛民と妥当な徴税　141
第十三条　公務における共同　152
第十四条　競争と嫉妬《しっと》のデメリット　157
第十五条　リーダー・エリートの進むべき道　161
第十六条　民のための統治　166
第十七条　独裁制の否定　170

第五講　175

指導者の心をどうやって浄化するか　175
『スウェーデンに学ぶ「持続可能な社会」』　182

スウェーデンで見てきたこと　184
スウェーデン神話？　187
これからの課題　199
社会主義の二タイプを区別する　200
「フォアキャスト」と「バックキャスト」　204
「福祉国家」から「緑の福祉国家」へ　207
民主主義や自由の成熟度は世界一　210
国民と指導者のやる気の問題　215

第六講

220
「自立と連帯」という国民性　220
キリスト教が国民性を育てた　222
スウェーデンと日本の違い　226
ヨーロッパ北辺の貧しい農業国家　227
プロテスタントの信仰と国民性　228
なだらかな民主化と大人の国　234
労働組合と社会民主労働党　236
暴力革命ではなく議会主義革命　238
一党独裁ではなく議会制民主主義　239

柔軟な路線で第三の道を 240
自由と平等と連帯の追求 241
急速な工業化を可能にしたもの 242
資本家と労働者の妥協・協調 243
草の根民主主義の基盤となった国民運動 245
多数政党の連合による政権担当 246
「イデオロギーの終焉《しゅうえん》」は北欧の話 247
政権担当能力への国民の信頼 248
「国民の家」という理念 249
「混合経済」で「福祉国家」を目指す 252
ストックホルム学派経済学 253
「最低生活の保障」ではなく「水準生活の保障」 255
スカンジナビアに生まれるという幸運 257

第七講 259

経済と福祉の絶妙なバランス 259
「空気で動く日本人」には可能性が！ 263
スウェーデン社民党の特徴 266
『十七条憲法』＝「緑の福祉国家」 268

『スウェーデン社会民主労働党綱領』 272
みんなが連帯し自由で平等な社会 272
原子力発電の廃止も決めている 274
資本主義と環境の矛盾 275
政治的な意思と力 277
ソ連型社会主義への批判 279
新自由主義への批判 282
経済の民主主義的コントロール 284
知識社会における経済力と福祉の一致 288
連帯はすべての国を包括する 292
もう一度、自由・平等・連帯 292
和の国・日本で「何事か成らざらん」 294

装丁——冨澤　崇

「日本再生」の指針

第一講

千年に一度の「東日本大震災」

今回の講座では、日本古代の聖徳太子《しょうとくたいし》『十七条憲法』と現代スウェーデンが掲《かか》げている「緑の福祉国家」という国家理想・国家理念が、不思議なことに非常に深いところ・根本的なところで一致するところがあるという結論に至る話を、七回にわたってお話ししていきたいと思います。

この一致点をしっかり理解することが、これから日本がどういう国づくりをしたら希望が見えてくるのかの見通しをはっきりさせることになるはずです。

今、日本という国はさまざまな問題を抱えています。そんな中、二〇一一年三月一一日、千年に一度ともいわれるマグニチュード九・〇の「東日本大震災」が起こり、想像も及ばない大津波のため、広範囲にわたって未曾有《みぞう》の大惨事となっています。

地震、津波、原発事故という「複合災害」から、はたして日本は復旧・復興できるのか、「日本再生」はあるうるのか、と世界各国が注目しています。

まさに「国難」というべき事態に至っていますが、基本的には主権政党・政府も野党も、これから中長期日本をどうしていけばいいのか・どうするのかという大きなビジョン（グランド・デザイン）をいまだに持っていないように私には見えます。

主観的に見えるというだけではなくて、各党のホームページを見て調べましたが、展望をちゃんと持っているようには読めませんから、今の日本の各政党にはビジョンがないと見ていいようだと判断しています。そして、そういうビジョンのない方たちに舵《かじ》取りをやってもらったのでは、日本はこの先どこへ行ってしまうかわからない、問題解決がまったくできない、いや日本はこのままでは消滅してしまうのではないか、と心配しているわけです。

「和」の国・日本のすばらしさ

「日本の『和』の精神でチームを引っ張っていきたい」とは、日本人として初めて国際宇宙ステーションの船長になる宇宙飛行士・若田光一さんの言葉です。

「船長を任されることになったのは、日本がこれまで行なってきた国際貢献に対する信頼関係あってのこと」と、テレビ会見で謙虚な姿勢を示していました。世界一五ヵ国が参加する国際宇宙ステーションの船長というポストは、日本の存在感を世界に示す大きなチャンスでもあります。

聖徳太子『十七条憲法』の「第一条」は、みなさんもよくご存知のように「和をもって貴《とおと》しとなす」ですが、若田さんが、仲間とのつながりをもっとも大事にする「和」の精神でリーダーシップを大いに発揮し「さすが日本人！」と絶賛される成果を挙げてほしいと願っています。

今回の「東日本大震災」で、家族や住まいを失った人たち、原発の放射能を避《さ》けるため避難《ひなん》した人たちは、深い悲しみにも打ちひしがれることなく、驚くほど冷静で秩序を失っていません。そして、日本の至るところで、助け合いやコミュニティーの感覚が生まれています。困っている人たちをなんとか助けて上げたいと、あらゆるジャンルの人たちが手を差し伸べています。海外メディアは、こうした日本人の態度を「英知に満ちた対応をしている」と絶賛しています。

これこそ、まさに聖徳太子から受け継がれてきた「和」の精神ではないでしょうか。たしかに、今回の「東日本大震災」は、大きな爪《つめ》あとを残しましたが、日本は、これまでにも関東大震災、敗戦などから国民一人ひとりが力を合わせてみごとに立ち上がり、新たな国家を建設してきました。

梅原猛さんも、これからの日本の歩むべき道に対して、「聖徳太子の理想とした利他《りた》の精神に満ちた品格高い文化国家に日本を変貌《へんぼう》させないかぎり、日本再生の道はない」とまで断言されておられます。

仏教に「無常《むじょう》」という教えがあります。「同じ状態は続かない」ということです。今、苦しみのどん底におられる人たちにも、必ず明かりが差してきます。日本国民が、世界中の人たちが、心を一つにして「再生」を願っているのですから、報われないはずはありません。

ところで、今、福島第一原発の事故による放射能汚染つまり環境汚染が深刻な問題になっていますが、環境は、本当はさまざまなテーマの一つではなくて、それは人間の経済活動も含めてすべての生命活動の基盤ですから、環境が崩壊するということは、もちろん人間も含めて、すべての生命が危機に瀕《ひん》するということです。そういうことはすでに一九七〇年代から環境の専門家が非常に深刻だと警告《けいこく》しているにもかかわらず、失礼ながらあえて言うと、日本の政界、官僚、財界人、それから多くの知識人の方々も、ちゃんとそれにふさわしい認識と対応ができている方が少ないと思えてならないので、「では、どうすればいいのか」をまず自分でつかみたいということで、いろいろずっと研究をしてきたわけです。

そのプロセスで、ある時、自分でも驚くほど意外だったのですが、『十七条憲法』とスウェーデンの「緑の福祉国家」という国家理想・国家理念が根本的なところで一致していて、これからの日本はこの二つが一致している方向に進めば希望を持てる、そうすれば「日本の再生」も不可能ではない、ということに気づいたというわけです。

私は、今回の「東日本大震災」が、これまでの日本社会を変える大きな契機《けいき》になるのではないか、と考えています。これまでのような生き方・考え方で、私たちは本当に幸せなのだろうか？こうした課題に、一人ひとりが、もう一度、原点に戻って、真剣に向き合ってみるべきではないでしょうか。

そうすれば、個々の力は小さくても、大きなうねりとなって、これまでの日本社会を根底から変えていくに違いない、いや変えなければ、もはや日本の未来に展望はないのではないでしょうか。

今、世界各国が、私たち日本人に注目しています。こうした中で、日本がこれまでより幸せな国になって、全世界に模範《もはん》を示したいものだと思っています。

そのために、この講座が少しでもお役に立てればと願っています。

そこで、これから前半は聖徳太子『十七条憲法』の話をして、後半はそれと関連させてスウェーデンの話をしていくという形になると思います。

「国のかたち」を掲《かか》げた「日本初の憲法」

日本史の学界では、聖徳太子が歴史的に実在したかどうかという議論があり、実在しなかったという説が主流のようです。そういう状況の中であえて聖徳太子と『十七条憲法』について論じる意味を序論的にお話ししておく必要があるかもしれません。

その上で、実証史学的に細かく検討して、「これはウソ、これもウソ」とタマネギの皮むきをしたら芯《しん》は何もなかったといった話ではなくて、皮をむかないままの形といった感じで、従来『日本書紀《にほんしょき》』を元に語られてきた聖徳太子の一生の物語のポイントだけお話しします。

まず、聖徳太子という人が歴史的に実在したかしないかということより重要だと思う点から先にします。

聖徳太子『十七条憲法』は、日本の主権者が正式の歴史として公認したものとして『古事記《こじき》』に次いで二番目（より公式な「正史《せいし》」としては最初）に書かれた『日本書紀』の中に、全文が採《さい》録《ろく》されているものです。『古事記』は厩戸皇子《うまやとのみこ》の名前が出てきたあたりで終わっていて、もちろん『十七条憲法』は採録されていません。採録されているのは『日本書紀』です。この正史に全文採録されているという事実が非常に重要だと思います。

しかも、ここではっきり「憲法」という言葉が使われています。そういう意味で、日本国の憲法は現行の日本国憲法でも明治の大日本帝国憲法でもなく、聖徳太子『十七条憲法』に始まるということ、まずそこを非常に強く押さえておかなければならないと思います。

そもそも「憲法」という言葉そのものが『十七条憲法』に由来します。明治期に日本人が欧米の国々を見た時、欧米の国にはみんな憲法、英語で言うとConstitutionがあって、ないと欧米諸国から対等な近代国家として認められないので、伊藤博文《いとうひろぶみ》を中心に一所懸命明治憲法をまとめたわけです。その時、訳語として「憲法」という言葉を使ったのは、『十七条憲法』に由来している。これは歴史的にはっきりしています。

一つの国が何を理想とするかが書かれたのがConstitution・憲法で、そういう意味でも『十七条憲法』は日本の国の理想として最初に文章化・成文化されたものです。

聖徳太子は歴史的に実在しなかったとか、『十七条憲法』は聖徳太子の名を借りた偽作《ぎさく》だという説が強いのですが、それに関わりなく、日本国最初の憲法であること、これはもう揺《ゆ》るがない、ちょっと揺るぎようがない事実だ、と私は思いますが、どうでしょう。

今も言いましたように憲法は、国家のあるべき姿、「わが国はこういう国なのだ」「こういう国でありたい」ということ、つまり国家建設の理想ですが、それをはっきり成分化したもので、司馬遼太郎さんのちょっとかっこいい言い方で言うと「国のかたち」ですね。

したがって、『日本書紀』に記載されているということは、編纂《へんさん》を命じた天武天皇《てんむてんのう》、それから編者、今ふうに言うと編集長の藤原不比等《ふじわらのふひと》にとって、それがたとえ史実ではなく自分たちが創作した（否定的に言えば捏造《ねつぞう》した・でっち上げた）ものだとしても、彼らが「これこそ日本初の憲法だ」「国のかたちだ」と考えるものだったということでしょう。状況的にそれ以外判断のしようがありません。

日本古代のトップリーダーにとって、『十七条憲法』は日本初の憲法であった、この事実を押さえておく必要があると思います。

さらにその事実を押さえた上で、次に大事なのは、国が形づくられた最初の時点で、自らの国のかたち・国家理想を書いたものの中身がすばらしいものだとすると、日本は最初からすばらしいものを目指して国を形成した国だということになりますし、そこに書いてあるものがくだらなかったら、日本は最初からくだらなかったということになるわけです。

そういう意味で『十七条憲法』は、日本人が日本の歴史について、特に心の歴史・精神史についてアイデンティティ（主体性）を確立できるかどうか、自分の国の歩みに健全な誇《ほこ》りを持てるかどうかのポイントとして決定的なものだと思います。

日本国最初の国家理想『十七条憲法』がくだらなかったら、残念ながら私たちはスタートから誇りを持てない。しかしそれがすばらしいものだとすると、まずスタートについては非常に誇りを持っていいということになるのです。

これは大事なことですが、権利のある誇りか権利のない誇りかということです。権利を持って誇っていいかどうかというのが大事なポイントです。

『十七条憲法』をいわば世界思想史の広場に持ち出した時、「日本には原点としてこんなにすばらしい憲法があるんだ」と、世界のどこに持っていっても言えるのか、それとも隠しておきたいようなくだらないことしか書いてないのか、そこは私たちにとって本当に大きな分かれ目ですが、結論を先に言えば、非常に優《すぐ》れた、現代、それこそ世界のどこに持ち出しても恥《は》ずかしくない、誇れる理想が高々と掲げられている、と私は理解しています。

だからこそ、日本史学界の状況を知りながら、あえて『聖徳太子『十七条憲法』を読む』（二〇〇三年、大法輪閣）という本を書いたわけです。

「和」という国家理想の意味

『十七条憲法』は「和を以て貴しとなす」という言葉から始まります。ここだけはほとんどの日本人が日本史の授業とかで知っているんですが。

これは『論語《ろんご》』にある言葉なので「借り物だ」と、そこからもう結果として日本人としてのプライドを捨てるような解釈をする学者がいますが、言葉が『論語』の中にあるかどうかではなく、そこにどういう意味が込められているかのほうが大事です。

『論語』の文脈と完全に違うのは、『十七条憲法』の場合、一番最初に置いてあることです。それは、「日本という国のまず何よりも最優先して追求すべき国家理想は平和なのだ」という高らかな宣言です。現行憲法の第九条ではなく、はるか昔の『十七条憲法』第一条に「日本国が目指すべき理想は和である」と書かれているわけです。

詳しくはあとで述べますが、驚くべきことにこの「和」という言葉には、人間と人間の平和はもちろんですが、さらに自然と人間との調和という意味も込められている。人間と人間との平和、人間と自然との調和、そういう二つの意味での「和」こそが、国が追求すべき最優先の理想なのだ、と。

現行憲法には自然と人間の調和は語られておらず、これは国際水準どこに持っていっても、まさにこれこそ今、国際社会、世界のすべての国が追求すべき最優先課題だと言っていいと思います。

そして、私たちの国日本は、そういう非常に高い理想を掲げて出発した国である。そしてそういう高い理想を持ったトップリーダーがいた国なのだ（あるいは一歩譲《ゆず》っていえば、「……という物語のある国なのだ」）、と。そのことに関しては、歴史的なアイデンティティとして私たちは権利を持って誇っていいんです。

私は海外の人たちとこういう話になった時に言うんです、「聖徳太子って知っていますか？」と。まあ知りませんよね。そこで、「聖徳太子という人はこういう人なんですよ」と。聖徳太子はお生まれになったのが五七四年ですから、もう一四〇〇年以上前に生まれた人です。『十七条憲法』が発布《はっぷ》されてからだと一四〇〇年と少し経《た》っているんですね。

そこで、「私の国は一四〇〇年前にこういうリーダーがいて、こういう憲法をつくった国なんですよ」と、アメリカ人なんかに威張《いば》るんです。そして「あなたの国はいつ始まったんでしたっけ？」と（笑）。「悪いけど、ちょっとうちのほうが相当古いんですよね」と。

なんでも古ければいいってものではありませんが、そのくらい古い時代に、今でも国際社会、世界のどこの国も追求すべきもっとも大切な理想を、国家理想として掲げている。

ただ、その理想を、その後一四〇〇年、日本人がどれくらい実現したかというと、残念ながらいろいろ凹凸があります。ある程度実現した時代もあるし大失敗をした時代もあるし、特に残念ながら近代というのは大失敗をした時代だ、と言わざるをえないと思います。

でも千数百年歴史をとおして見ると、和という国をかなり実現した時代もあったわけですね。私たちが戦後の歴史教科書で教わったのとかなり違って、徳川二七〇年は、少なくとも対外戦争をしないという意味での平和と、自然を荒廃《こうはい》させてしまうことなく人間がなんとか食べていけるという持続的な状態をつくり上げたという意味での自然と人間の調和と、二つの面のかなりのレベルで「和」を実現した時代だったと見ることができるわけで、ですから聖徳太子の理想は、近代手前のところまで日本の理想であり続け、かつある程度は実現された面がある、と。

トータルに見ていくと、今日の世界的な水準から見ても、日本という国はけっこうよく頑張ってきた国だ、と。残念ながら明治維新以降、いろいろな事情があって、和に関してはかなり大失敗をしましたけれども、でもこれからもう一回、再発見することによってやり直すことができる。そういう可能性を持った国だ、というふうに私は考えています。

聖徳太子へのアレルギー反応

戦後の進歩主義的な教育を受けてきた方の大半が、聖徳太子とか『十七条憲法』と聞いたとたんに「右翼?」とか「保守派?」とか「危ない」とか、かなり条件反射的なアレルギー反応をします。

それで、『聖徳太子『十七条憲法』を読む』を書いたら、右寄りの人はけっこう喜んで読んでくれ、左寄りの人は相手にしてくれませんでした。

日頃からおつきあいのある方でも、最初は「岡野さん、なんでこんなものを書いたんですか」

と言われ、それでもつきあいで読んでくださって、やっと「ああ、そういうことだったのか」とわかってくださった方が多いようですが。

でも私は、繰り返し言っていますが、政治的には右でも左でも、それからいわゆる中道でもありません。今まで右が言ってきたことと左が言ってきたことの妥当・有効なところをそれぞれ吸収して、無効・不当なところはなるべく濾過《ろか》・捨象《しゃしょう》（必要以外の要素を捨てること）して、統合することによって新しい時代の方向性を見出す、そういう形でしか前に進めないと思っています し、逆に言うとそういう方法でいけば方向性が見えてくると思っています。

ところが従来は、右寄りの人が右寄りな読み方で読んだ聖徳太子を、左寄りの人が否定して、否定するついでに、実証史学の方法を使って、実在しないことにしてしまいたくなったようです。人間はたいてい自分の先入見で文献《ぶんけん》を読みますから、「聖徳太子なんてくだらんやつに決まってる」「いたわけはない」「でっちあげだ」というふうな先入見で読んでいくと、ぜんぶそういうふうに見えてしまうんです。それはみごとです。逆に聖徳太子は偉い人だと思い込んでいると、もう嘘《うそ》でもなんでもぜんぶ本当にしたくなってしまう。

実証史学といわれるものの成果を読んでも、結局、著者・研究者の先入見で文献を読んでしまっている、史料を扱っているな、と私には思えることが非常にしばしばです。

こういうことに関して、近代の解釈学という学問があり、文献というものは、多くの場合、解釈する側があらかじめ持っている読むための元になるもの——コンテクストといいます——が具体的なテクストの読みを決めてしまうということを明らかにしました。もちろんテクストを読むことによってコンテクストが一定程度変更されることもありますが、なかなかまるまる変わってしまうことはなく、むしろコンテクストに沿ってテクストは読まれてしまうことが多いことを、解釈学は明らかにしているのですが、そういう解釈学的な常識は必ずしも実証史学の方たちの頭に入っているとは言えないようです。

ですから、例えば『十七条憲法』について、「これは戦前の天皇絶対制のバイブルとして使われたものだから、したがって元々そういうことが書いてあったのだ、はずだ」というふうに読むと、そういうふうに読めてくる。確かに、実際そういうふうに使われたことは確かです。これはもう残っている文献・史料からして事実だと思います。

ところが、私のように、「もしかするとここにすばらしい思想、国家理想が述べられているんじゃないか」という期待の文脈・コンテクストで読みますと、みごとにそう読めてしまうんです。これは驚くべきことです。

ですから最初から、「私のコンテクストは中立的だ」なんてことは言いません。最初から「日本人が歴史の原点にさかのぼって正しいアイデンティティを確立するための、俗な言い方をすれば〈ネタ〉を探したい」「聖徳太子が偉い人であってくれればありがたい」「『十七条憲法』がすばらしいものであってくれるといいな」という期待のコンテクストで読んでいることは、あらかじめ申し上げておきます。

しかしだからと言って、文章にまったくないこと、読み込み不可能なことを読み込むことは、決してしないつもりです。私は、キリスト教神学を専攻して、聖書解釈学についてかなりトレーニングを受けましたから、テクストに書いてないことまで言わせてはいけないという原則はしっかり心得ています。ただ、書いてあるテクストをどう読み取るかは、こちらのコンテクスト・読みでずいぶん……ほとんどまるでといっていいくらい変わるということも、しっかり押さえておきたいと思います。

「聖徳太子像」を読み取る

聖徳太子の歴史的実在を否定する研究では、大山誠一『〈聖徳太子〉の誕生』（吉川弘文館、一九九九年）が代表的ですが、実証史学というアカデミズムを信用した上で読むと、「ああ、やはり聖徳太子はいなかったんだ」と思わされるくらいにしっかり書いてある本です。

私は日本史学の専門家ではないので、こういう歴史学的な議論に参加する気も力もありませんけれども、ただ文献学一般ということでいうと、かつて私の学んだ近代聖書学というのは、悪いけれどもたぶん日本史学以上に厳密な文献研究です。何しろヨーロッパでは「二十世紀ヨーロッパの最高の知性は物理学と聖書学に費やされた」という言葉があるくらい、大変優秀な学者が聖書学をやったんです。

なぜそういうことになったかというと、ヨーロッパにとって聖書は精神的アイデンティティの基礎ですから、最優秀の知性を注ぐに値するものだったからです。

ところが、そういう優秀な学者が投入された結果、結局、特にイエスに関して「歴史的なイエス像はもう描けない」という話になったんです。歴史学的にいうと「イエスの実像などわからない」と。

基礎資料である福音書《ふくいんしょ》そのものがいろいろな資料が組み合わさってできたもので、どれかの資料がイエスの歴史的な実像を正確に伝えているとは言えない。驚くほど緻密《ちみつ》な研究の結果、「はい、イエスはわかりません」ということがわかったんです。それは私に言わせると、とても不毛《ふもう》なことです。

ところがそれにもかかわらず、研究者たちは社会的要請や自分自身の気持ちもあって、イエスを語るんです。その場合、結局語っているのは自分のイエス像です。研究所の書棚にも何冊か、日本の一流の聖書学者のイエス論がありますが、みんな「私のイエス」です。

私はそういう不毛なイエス否定論はほとんど意味をなさないし、学問的であるという装《よそお》いで「私のイエス」を語るのはフェアでないと思ったので、最初から「私はこう読みたい」というイエスだと断わって『美しき菩薩・イエス』（青土社、一九九一年）という本を書きました。

書くに際して、もちろん神学部時代に学んだ聖書文献学をまったく無視はしませんでしたが、ただそれにこだわってラッキョウやタマネギの皮むきみたいに、芯を見つけようと思ってむいたらぜんぶ皮でした、という話になるようなことは避けて、最初の皮のまま丸ごと、「このタマネギは煮《に》たらおいしいよ」とか「このラッキョウ、漬《つ》けたらおいしいよ」という感じに味わう読み方をしました。

今の聖徳太子研究もそういうタマネギの皮むきを感じるので、私は、そういう、まったく意味がないわけでもないけれども、かなり不毛なやり方はほとんど参照しませんでした。

そうではなくて、主に『日本書紀』と、『上宮聖徳法王帝説《じょうぐうしょうとくほうおうていせつ》』という『日本書紀』に並んで重視されている資料の二つを基礎にして、その後に書かれていった伝説的な聖徳太子伝も参照しながら、そういう中でだんだん皮がついてきて、どんどん実が大きくなっていった「聖徳太子像」が、日本人、特に現代の日本人にとってどういう意味を持ちうるかを読み取るほうが意味が大きいと思うので、私の聖徳太子論はそういう感じで論じています。

『十七条憲法』についても、聖徳太子という人がいたことになっていて、そのイメージはすばらしい人だ、と。そのすばらしい人がこのすばらしい文章を書いたということになっていて、これが少なくとも日本の古代リーダー、天武天皇と藤原不比等にとって、そしてまたその周辺の人々(長屋王《ながやおう》や編集のブレーンであったとされる道慈《どうじ》など)にとっては、日本古代の最初の理想、最初の憲法として合意されたものだ、と。そこからスタートしたほうが実りが大きいと考えています。

それにしても「聖徳太子は実在したのか?」

ただ、この話を大学の授業でやると、「でも先生、聖徳太子はいたんでしょうか?」(笑)という質問が必ず出ます。それで、いたかどうか多少は私の意見を述べざるをえなくなります。

今まで実証史学者たちが聖徳太子実在の証拠をどんどん皮むきしてまず『日本書紀』は勝った側の文書だから、勝った側の都合で、史実が相当ねじ曲げられたり作為されたりしたところが多いというのが、津田左右吉《つだそうきち》という歴史学者以来、日本の歴史学の進歩派の人の共通の主張のようです。つまり、「『日本書紀』は歴史書としてあまりあてにならない」と。そして、「聖徳太子の記事もほとんどあてにならない」と言われてきたんです。

ところがごく最近、発掘史料が意外に『日本書紀』の記事と合っているという話になってきています。例えば蘇我馬子《そがのうまこ》の遺跡《いせき》の発掘なんかとっくに終わっていると思っていたんですが、今頃発掘をやっているんですね。蘇我馬子の館《やかた》があったといわれる島庄《しまのしょう》は、有名な石舞台のちょっと下ですが、その発掘なんてここ数年なんです。そして、そういう発掘をすると、『日本書紀』の記述と一致するので、「文献学だけでやっていた時代よりは、『日本書紀』の歴史的記述は意外に信用できる」というふうに変わってきているようです。

それから、さっき言いました『上宮聖徳法王帝説』や法隆寺《ほうりゅうじ》の薬師像《やくしぞう》とか釈迦像《しゃかぞう》の後背《こうはい》に彫ってある文・銘文《めいぶん》、中宮寺《ちゅうぐうじ》に残っている「天寿国繍帳《てんじゅこくしゅうちょう》」という刺繍《ししゅう》――今は断片しか残っていなくて、でもその復元したものがあるんですが――にある銘文など、疑う人からいうと「ぜんぶ怪しい」ということになるんです。

ところが、かなり確実な史料がある、と私は思います。それは『隋書《ずいしょ》』という歴史書です。これは隋が滅亡した直後、唐の皇帝の太宗《たいそう》の側近の魏徴《ぎちょう》……隋から流れた官僚ですが、その人が「隋という国はこういう歴史でした」というのをまとめたのが『隋書』です。

中国は面白い国で、一つの王朝は王朝自体が終わらないと完結した歴史書が書けないわけですが、終わったあとで次の王朝が「前の王朝はこうだった」と比較的史実に近い形で歴史書をまとめるんです。もちろん多少は自分の都合に合わせたりもするんですが。

ともかく、中国はそれだけ文書化された歴史を非常に重んじる国で、山を越えたインドとはとても対照的です。古代のインドは文字に書かれた歴史はほとんど無視で、もう悠久《ゆうきゅう》の時が巡《めぐ》っているだけという感じで、「何年何月何があった。そんなことは知りません」という感じの国民ですが、中国の人たちは「何年何月何日に何がありました」と克明に記録を残すのが古代から好きな国民のようです。

そういう歴史書の伝統の流れに『隋書』があって、そこに、みなさんも日本史の教科書で読んだことがあるかもしれませんが、「日出《ひいづ》る処《ところ》の天子《てんし》、書《しょ》を日没《ひぼっ》する処の天子に致《いた》す、恙無《つつがな》きや」という有名な国書――国から国への公式の手紙――が記されている。日本側の史料ではなくて隋の史料にこれが載っている。これが大事なんです。

『隋書』には、日本に「日出る処の天子」つまり隋の皇帝と対等だという意識を持つことのできる人間がいた、と作為して書かなければならない理由はありません。だとしたら、そういう人物が事実いたから書いたんでしょう?

遣隋使《けんずいし》小野妹子《おののいもこ》のことも『隋書』に載っていますから、遣隋使が来たこともまちがいない。来たことがまちがいなかったら、派遣《はけん》した人がいるわけでしょう? もちろん皇帝は御簾《みす》（すだれ）の向こうにいたり、さらにはその場にもいなかったりして、直接使者に接したりはしなかったようですが、とはいえ小野妹子に、肉声に近い形で上奏《じょうそう》（天皇に意見や事情などを申し上げること）する言葉として「海西《かいせい》の菩薩天子《ぼさつてんし》、重《かさ》ねて仏法を興《おこ》すと聞き、故《ことさら》に朝拝《ちょうはい》せしめ、兼《か》ねて沙門《しゃもん》数十人来《きた》りて仏法を学ばしむ」と言わせています。

これは、隋の煬帝《ようだい》という皇帝が、仏教保護政策を行なっているという噂《うわさ》を聞いて……実は煬帝の前の皇帝の噂なんですが、煬帝も仏教保護政策はやっていました……「菩薩天子《ぼさつてんし》」と呼びかけ、「菩薩天子であるあなたよ、どうぞあなたの恩恵でもってうちの国の僧たちを留学させてやってほしい」と依頼しているわけです。

この場合の「菩薩天子」という呼びかけは、「日出る処の天子」「日没する処の天子」と同格ですから、文脈上当然「〈菩薩天子〉と呼びかけている私も菩薩天子です」という意味を含まざるをえないと思います。この「菩薩天子」という呼びかけの中には、「菩薩であるような天子すなわち権力者は存在しうる」、というかむしろ「天子・トップリーダーたる者は菩薩＝慈悲の実践者でなければならない」という思想が込められていると読めます。

この天子は、そういう思想・理想を込めて、煬帝に「だからうちの学僧たちを面倒見てやってください。留学させてやってください」と頼んでいます。でも立場は、「日出る処の天子」と対等だと思っているんです。

この呼びかけは、中華思想の皇帝には「周辺国の一支配者が対等の天子なんて名乗るのは、常識を知らないもはなはだしい」と思われました。「天子は天下に一人しかいないから天子なのに、天子が二人いるなどと思うのは、常識がなさすぎる。失礼だ」と、非常に怒ったらしいんですが、ちょうど高句麗《こうくり》と事を構える時でもあった。「近攻遠交」（近きを攻めて遠きと交わる）というのが中華の外交政策に一貫するものなんですが、ちょうどその時には高句麗という一番国境を接しているところをまず攻めたかったので、ちょっと遠目の日本とは今は事を構えたくなかったのでしょう、非常に怒ったんですが、ぐっと抑えて、いちおう国交をしてくれることになっていくんです。

しかしそこで一つ押さえておきたいことは、六一一年から一二年にかけて煬帝が高句麗に対する本格遠征を行なっていることです。この六一一年は日本ではどういう時かというと、六〇四年が『十七条憲法』発布ですから、『十七条憲法』を発布して何年か経った時に、隋が高句麗に本格侵略をやっているということです。

そういう状況にあることをこの「日出る処の天子」はうすうす知っていたのではないでしょうか。それを踏まえて、今なら言っても全面否定はされないという時に、隋に向かって「対等だ」と言っているんです。これはすごく挑戦的なことです。そうとう度胸《どきょう》がないとできないことです。まあ無知か度胸があるかですが、でもただの無知で「日出る処の天子」とか「海西の菩薩天子」とか言うわけがないので、この人は相当な度胸と理想を持っていた、というふうに考えざるをえないと思いますが、どうでしょう。

ですから、ここまでのことをまとめると、私は、この遣隋使小野妹子を送った主体者は、自ら「日出る処の菩薩天子」と名乗るような、非常に高い自己理想を抱いた人物だった、と状況的に判断せざるをえません。

さて、日本で天子と名乗る候補者として当てはまるのは、当時三人です。推古《すいこ》天皇が名乗るか、それとも摂政《せっしょう》としての聖徳太子《しょうとくたいし》が名乗るか、それとも政治的実権を握っている蘇我馬子《そがのうまこ》が名乗るか、三者しかいません。

さらに前の遣隋使の時、「日本の政治はどうなっているのか」と聞かれて、「トップは女性で、ふだん隠れていて、その弟がその女性の意向を汲んでやっている」というようなことを答えたら、「女がトップをやるなど、野蛮《やばん》な国だ」と言われています。そういうことがあったにもかかわらず、また女帝がそう名乗ることはありえませんから、だとしたら、名乗ったのは男性の天皇代理でしょう。

天皇代理でありうるのは、聖徳太子か馬子かしかいません。それに関して、「聖徳太子は馬子だった」と言う学者もいるようですし、大山氏は「当時、馬子が大王だった」と言っていますが、なんとしても聖徳太子を否定したいという動機が強く、あえて馬子という十分説得的な理由はないように思えます。

ですから消去法でいくと、やはり厩戸皇子《うまやとのみこ》ということになります。ご存知のとおり、当時は「厩戸皇子」と呼ばれていて、のちに「聖徳太子」という尊称を贈られたので、当時からそう呼ばれていたわけではありませんが、ともかくのちに聖徳太子と呼ばれるようになった厩戸皇子が名乗ったとしか、状況的に判断できない。

あるいは逆に言うと、男性でそう名乗れる人が日本にいた。つまり「日出る処の菩薩天子」と自称するほどの自己理想を持つことのできる人がいた、としか推測のしようがないので、「だとしたら、それは厩戸皇子でしょう」と。「だとしたら、やはりいたんでしょう」ということになる。ほかの史料が否定されても、これはちょっと否定しようがない。

『古事記』では、最後のほうに、皇族のトップ、天皇後継可能の息子の一人に厩戸皇子という人がいたことは書いてあって、具体的なことは何も書かれていません。そこで先の大山氏などの学者は、この名前を借りてきて『日本書紀』の聖徳太子像を捏造《ねつぞう》したのだと主張しているんですが、それにしても厩戸皇子という用明《ようめい》天皇の長男に当たる皇太子がいたという歴史的事実を否定する人はいません。ただ、「のちに『聖徳太子』と呼ばれたような偉人・聖人は、この厩戸皇子ではない」というのが「聖徳太子はいなかった」という話なんです。

しかし、私に言わせると、『古事記』の記述は否定できない。『隋書』の記事も否定できない。だとしたら「やはりのちに聖徳太子と呼ばれることになる偉い人がいたのだろう」と考えるほうが素直ではないかと思うんですが。ところが、最初から否定したいという動機のコンテクスト（文脈）で読むと、実際にあるテクスト（文献）も無視して読んでしまうものなんです。

繰り返すと、二つのポイントが重要です。『古事記』にちゃんと厩戸皇子の名前があり、『隋書』によれば、「日出る処の天子」と名乗り「菩薩天子」という自覚を持った人がいた、と。

ですから、「根も葉もない作り事」という言葉がありますが、聖徳太子の場合はそれとはちょっと違って、古代のリーダーたちが、厩戸皇子という歴史的実在性のある根から理想のリーダー像としての聖徳太子物語という枝葉を繁らせたと考えればいいのではないでしょうか。

自国の歴史を肯定的に読む権利

でも、私は歴史学者ではないので、ここから先は言いません。私にとっては、イメージとしての聖徳太子、それが今、日本人にとって持っている意味のほうが重要なので。

そして、『十七条憲法』があるということは歴史的な事実であって、そこまで否定する人はいないでしょう。

天武天皇が生きている時代には完結していませんが、天武天皇およびあとの世代、つまり古代のトップリーダーたちが「これでよし」と思ったのが『日本書紀』であることはまちがいありませんから、彼らがそこに収録された『十七条憲法』を日本初の憲法・日本初の国家理想と見なしていたという歴史的事実は曲げようがない。ここが私たちの原点として大きいんです。

そして、その中身がすばらしいのであれば、それをわざわざ否定的な言い方で「でっちあげ・捏造だ」と言い募《つの》っても、それはあまり本質的な意味はないと思います。止めませんけど（笑）、私は言論の自由をとても重んじていますので。

でも、すばらしいものをでっちあげた人が誰かいるんですよね？　そうしたら、その人もすばらしいんじゃないですか？（笑）。しかもすばらしいものをつくり上げたのなら、それは「創作」とか「創造」というほうが適切で、「捏造」とか「でっちあげ」というのはあまり穏当《おんとう》ではないような気がします。そして創作させたのが天武天皇で、創作した主体が不比等だったら、やはり天武天皇と不比等はリーダーとしてすごかった、さらに大山氏が言うように聖徳太子のイメージを捏造する段階でもっとも貢献したのが唐から帰ってまもなくの道慈《どうじ》という僧だったとしたら、道慈は国家理想を創出するためのブレーンとしてきわめてすばらしかった、ということになります。

私にとっては、それで話は終わりです。日本の古代には『十七条憲法』のようなすばらしい国家理想を持っていたリーダーやブレーンがいた、と。これはまちがいない。みなさんにも、講座が進むにつれてそのことが納得していただけると思っています。

それに対してまた左翼史観的に「いや、それは単なる虚偽意識としてのイデオロギーであって、本気なんかじゃないんだ。格好づけをしただけなんだ」というふうに読むことはできます。

しかし、旧ソ連や東欧の崩壊、例えばポル・ポトの惨事などの歴史的事実を見れば、マルクス―レーニン主義的な左翼思想が破綻《はたん》したことについて、もう議論の余地はないと思います。それと並行して「古代に本当に真剣に理想を抱いていたリーダーなどいるわけがない。残虐な搾取者しかいない」といった左翼的な決めつけの歴史観で過去を裁くといったアプローチの実際的な有効妥当性はもう破綻していると思ったほうがいいです。

とは言っても、もちろん古代という限界はありますから、聖徳太子が近代民主主義みたいな理想を持った人だったと考える必要はありません。さすがに古代の人ですから、身分制は前提にしています。だからと言って、『十七条憲法』に書かれているようなことが単なる理想・きれい事だったと考えるには、批判する側の時代状況的な有効妥当性がもう完全になくなっている、と私は思います。

それから、共産主義国だけではなくて、近代の世界史を見ると、やはり本当に優《すぐ》れたリーダーがいたかいないかが、その国の国民総体が幸せになるかどうかを決定的に決めてしまうことは、どんどん明らかになってきているんじゃないでしょうか。

これは、最後のほうでまさにスウェーデンの話につながっていくんですが、やはり理想と倫理性と、そして実際に国家運営ができる知恵、それらを持った賢明なリーダーがいた国は、非常にいい国になっています。それに対して、そういうリーダーがいなかった国がダメになっているというのは、全体として見ればほぼまちがいないのではないでしょうか。

そういう歴史的な状況から読むと、「古代日本に優れたリーダーがいた」と読むことが、これから「だからもう一回そういうすばらしいリーダーを生み出そう」と日本人を鼓舞《こぶ》することになります。

そういうふうに自分の国の歴史を肯定的に読むことは、日本だけでなく各国国民の国民的権利だ、と私は思っています。

世界各国の教科書の比較研究によれば、少なくとも小学生・中学生の頃の歴史書にはみな「わが国はこんなに立派な国でした」と書いてあって、「わが国はこんなにダメな国でした」と書いてある教科書がある国は、日本だけだそうです。私はいちいち調べたわけではありませんが、たぶんそうでしょう。そして、そうだとすると、それはひどい話です。

ですから私たちは国民的権利を持って、聖徳太子と『十七条憲法』を「日本古代には、かかるすばらしいリーダーがおり、すばらしい国家理想があった」と読んでいい。

もう一回言いますが、聖徳太子が創作で実在しないとしても、天武天皇と藤原不比等の実在はまちがいありません。創作だとしたら、この人たちは、〈聖徳太子〉像を創作・創造して、その姿に自分たちの理想を託すくらいの心があった、つまり自分も理想を持っていたということになります。

特に不比等について言えば、確かに天皇家を抱き込んで「藤原王朝」を確立しそれを永続化させるという野望があったという面もあるかもしれません。しかし、それをなんの理想もないただの野望だと見るのは、あまりにも不毛なリーダー観だと思います。

調べてみると、天武天皇もけっこういい国をつくろうとして頑張っています。その天武天皇のあとの天皇たち、特に少し代を飛んだあとの聖武《しょうむ》天皇とか孝謙《こうけん》天皇もなかなか頑張っています。

さて、このあとは、聖徳太子の一生をデッサンする……デッサンよりももっとクロッキー（大まかなスケッチ）ぐらいの大急ぎで、「聖徳太子はだいたいこういう人だった（とイメージできる）」という話をしたいと思います。

仏教を受け容《い》れるかどうかの大問題

日本では飛鳥時代にあたるこの六世紀という時代、中国はもうとっくの昔に基本的に国をまとめるための——理想といってもイデオロギーといってもいいですが——思想を確立していました。特に隋の時代には、「儒・仏・道三教一致」という考え方が主流になっていたようです。道教か儒教か仏教かという主導権争いはずっとありましたが、仏教も大きな国家イデオロギーの一つであったことはまちがいありません。

皇帝が仏教賛成派だった時には、周辺国にもいわば文化的プレゼントとして仏教が伝えられます。ご存知のとおり周辺国は基本的には「冊封《さくほう》体制」といって半従属国ですから、そこに皇帝から仏教に関するもの、例えばお坊さんとかお経とか仏具とか仏像といったものをプレゼントされたら、冊封国は拒否できません。半分命令・半分プレゼント、命令的な文化的プレゼントです。そういう文化的なプレゼントを受けて、朝鮮半島の高句麗《こうくり》も百済《くだら》も新羅《しらぎ》もすべて、順序はさまざまですが仏教を受け容れていきます。

そういう時に、ある意味では「もう仏教は常識」という形で学んでいた人たちが、帰化人として日本にやって来ます。この帰化人たちの多くは、日本人にとってはいわば明治の時のお雇い外国人みたいな感じの、インテリが多かったようです。

五二二年にはすでに帰化人らしい司馬達等《しばたつと》という人が、飛鳥坂田原《あすかさかたはら》というところの小さなお堂に仏像を安置、礼拝したという記録があります。今、その坂田寺跡が石舞台の少し上に石碑《せきひ》だけ残っています。これは、本当にただ石碑が残っているだけです。

かつて飛鳥に行った時、坂田寺という看板があったので、行きたいと思ったんですが、その時はかなり疲れていたのであきらめました。その後、改めて行きましたが、石碑が建っているだけでした。しかも、その石碑は傾いていたんです。そういう意味では行くほどのことはなかったともいえるんですが、でも、石碑が建っているだけというのも、何かしみじみと感じるものがありました。

日本初の仏像を祀《まつ》ったお堂があった跡でありながら、傾いた石柱が一本建っているだけですが、エピソードを知っていて行くと、やはり感じるものがありましたね。五二二年のことですから、「もう一五〇〇年近く前、ここに日本で初めて仏像が祀られたんだな」と。その結果、やがて仏教は日本人の心を支えるものになっていくわけですからね。

それから五三八年か五五二年か、ここはまだ結論が出ていないし、残っている史料だけでは最終的結論は出ないでしょうが、仏教が正式に伝えられています。

政治的リーダーから政治的リーダーへの文化的プレゼントとして、百済《くだら》の聖明王《せいめいおう》から仏像やお経が伝えられて、それをどうするかで日本の内部でいろいろ議論があったんですが、蘇我《そが》氏が「私が引き受けましょう」というので、自分の自宅をお寺にしてそこに祀ったといわれており、その跡も残っています。

そういう状況下で、仏教を受け容れるか受け容れないかが大きな問題だったんですが、まず欽《きん》明《めい》天皇はどうしたらいいか判断できなくて蘇我に預けたり、それに対して物部《もののべ》が反対して焼いて捨てたりというふうなトラブルが、この五七〇年頃からあります。

五七四年、そういうトラブルがある中で聖徳太子は生まれていて、皇族のしかもトップのほうですから、巻き込まれる危険があり、実際、のちに巻き込まれていきます。

それから先に飛びますが、用明天皇、聖徳太子のお父さんは、個人的には仏教を非常に尊重したというか信じたようですが、しかし公的に日本の宗教として採用するかどうかについては決めかねたと書かれています。

天皇は、当時のさまざまな氏族間の争いを宗教的な権威によって調停するという役割を持っていたようで、軍事的・経済的には決して大きい氏族ではなかったようです。ただ宗教的な権威があるためにある種のまとめ役ができた。政治的・経済的には蘇我と物部が両巨頭という感じになっている状況ですね。

五八七年には、争いに決着がついて物部守屋《もののべのもりや》が滅びます。この時は、皇族はどちらにつくか、選択をまちがったら自分も殺されるという状況下で、聖徳太子は馬子側につきます。

この時はまだ一〇代前半、一三歳です。この時に、一三歳で、どちらについたら自分が生き延びられるかという政治的な判断を意識的にすることができたかできないかということですが、古代の一三歳は今日の一三歳とはまったく違っています。私は、それだけの判断ができる、早い時期から英明な人だったというふうに読みたい、読んでいいと思います。そして、きわめて賢明に馬子側についています。

その時には、馬子もいちおう形式上は革新派というか進歩派で、先進文化としての仏教を信じてはいたようです。ただ仏教の教理の理解や修行の程度がどれほどだったかというと、ほとんどわかっていなかったんじゃないでしょうか。それに対して聖徳太子は、早い時期から仏教の学問的な研究を深めていたようですし、坐禅《ざぜん》の修行もしていたと思われます。

まず「摂政《せっしょう》」で足場を固める

つまり建前として呪術的・神話的な仏教を信じている馬子と、それからもっと哲学的にも霊性的にも身に付けている聖徳太子、でもどちらも仏教を重んじる崇仏派《すうぶつは》ですから、手は組めるわけですね。推古《すいこ》天皇も理解の程度はともかく崇仏派でした。そこで、推古天皇と馬子と聖徳太子という三巨頭制ができ上がるのが五九三年です。

この推古天皇もなかなか賢かったと思うのは、馬子に推《お》されて女帝《じょてい》になったのですが、そのままだと馬子の操《あやつ》り人形にされてしまいます。そこで、操り人形にされないために、非常に英明だった、でも当時一九歳だった聖徳太子を摂政にすることを条件にして天皇になることを承諾しています。馬子もまだ聖徳太子を甘く見ていますから、扱いやすしと見たんでしょうか、それを受け容れます。

しかし、これは政治—組織の力学の面白いところですが、いったん三巨頭制ができ上がると、馬子が独断で事を決められなくなる。つまり、馬子が推古天皇一人に迫れば決められるのならば、ほとんど独断同然で決められるわけですが、推古天皇が「ちょっと厩戸皇子に聞いてからにするわ」とか言っちゃったら、太子は摂政ということになっているわけですから、それは断われない。三人の中で意見を調整しなければならなくなります。

聖徳太子は、『十七条憲法』に実っていくような自分の理想を、一歩一歩政治的に非常に賢く実現していった、流れを見ていくとそういうふうに見えますね。決してあせって最初から『十七条憲法』を出したりはせず、まず一九歳で「摂政」です。

「仏教の国教化」と「和という国家理想」

そして翌五九四年、三宝興隆《さんぼうこうりゅう》の詔《みことのり》（天皇のおことば）、「仏法僧つまり仏教を国教化しよう」という提案をおそらく聖徳太子が推古天皇にして、推古天皇は「異存ありません」、「馬子さんも異存ないですね。じゃあ仏教を日本の国教として採用しましょう」という流れで詔が出るわけです。

そうなると、建前というのは恐ろしいもので、いったん三宝興隆の詔が出てしまったら、簡単にはひっくり返しがたくなるわけです。

聖徳太子はそういう政治の論理――例えばいったん法制化されてしまうとなかなか法改正は難しい、ましてや全部廃棄するのは難しい。まして単なる法ではなくて詔ですから――そういうことを心得ていたのではないでしょうか。そして、仏教を通じて日本を「和の国」にするという理想を、非常に早くから持っていたんじゃないか、と私は見ています。

物部守屋を滅ぼす時の戦争の状況の記録が『日本書紀』に残っていますが、今と違って、例えば大砲や機関銃、飛行機から爆弾といった、戦う人同士に距離のある戦い方ではなくて、肉弾戦です。

しかも日本では、湾曲《わんきょく》した非常によく切れるいわゆる日本刀（湾刀《わんとう》といいます）は平安中期くらいからできたようですが、古代の刀は直刀《ちょくとう》といって真っすぐで、湾刀ほど切れないようです。ですから、スパッと切ったら相手が死んでおしまいというふうな戦い方ではなく、もっと振りまわしてブッ叩いて突き刺してというふうな、そうとう残酷なやり方をする必要があったみたいです。ですから、戦いがいっそう凄惨《せいさん》だったでしょう。

その凄惨な戦いを、戦場の後方で皇族たちは見ています。たぶん、後方といっても状況がまったく見えないような後ろではないと思われますし、終わったあとで、死体がごろごろしているところを通って帰らざるをえませんから、聖徳太子も、戦場の非常に凄惨な有様を少年時代に目撃していると思われます。

それ以前から仏教や儒教のことを勉強していますし、もともと感受性の強い、優《やさ》しい人柄だったでしょうから、人一倍戦争の悲惨さを感じたことでしょう。そこで、平和への願いというか誓いというか、それを非常に堅くしたと思われます。

しかし、平和の願い・誓いは、それを実際の政治的なプロセスに乗せない限り実現しません。望めば平和になるんだったら、そんな楽なことはないですが……。「戦争は嫌《いや》だ」と言ったら、それで戦争を止められるんだったら、誰も苦労しない。

抵抗があるのを承知の上で、これからのためにあえて言いますが、聖徳太子と戦後の日本国民の決定的な賢さの差は、太子は「平和への願いは、政治的なプロセスに乗せなければ実現しない。政治的なプロセスに乗せるには、政治的な手順を踏まなければいけない」と考えてちゃんと手順を踏んでいったところなのではないかと思います。

太子は、皇族の中でも天皇の後継者になる資格が一番ある人でした。のちに聖徳太子の息子山《やま》背《しろのおおえのみこ》大兄皇子は継承権を主張することによってかえって殺されていますが、聖徳太子はそういう失敗はしないんです。

父である用明天皇にお妃様の子ではない兄はいたようですが、直系としては長男ですから、天皇後継者としては一番有力候補でした。ところが、推古天皇が先帝の奥さんということで馬子に推されて天皇になる時に、「私のほうが正しい後継者だ」と聖徳太子が主張すれば、建前は言えるけれど殺されたでしょう。建前を言わないで、殺されずに摂政になって、しかし一定の力は握るということになっています。これもたまたまそうなったのではなく、意図してそうした、と私は読みます。

こうして、三者の合意ができたので、三宝興隆の詔が出されて、これでまさに和という理想を国の理想にするための下準備ができたわけです。そしてのちに、憲法第二条のところにも三宝興隆という条項を入れていくんです。

平和を実現する実力

馬子たちは朝鮮半島への野心がありますから、新羅征伐《しらぎせいばつ》をやりたくて、筑紫《つくし》すなわち今の九州に出兵をしていますす。出兵はしていますが、いろいろな事情があって——そのいろいろな事情を工作しているのも結局、聖徳太子じゃないかと思われる節《ふし》があります——なかなか本格的出兵にならないんです。しかし六〇〇年には一回、日本から新羅まで行って、いちおう新羅征伐をやっています。

ここも、深読みをしない人は、「この件に関しては聖徳太子に戦争責任がある」とか言ったりします。自分は安全圏にいて正義の建前論だけを振りまわして、建前の通用しない状況下にあるにもかかわらずなんとか平和を実現しようと努力している人の努力を読めないといったタイプの心情的進歩派の人が戦後日本にはいっぱいいいた（いまだにいる？）ようです。そういう人が、「新羅出兵に対して、摂政だったんだから、やはり戦争責任があるじゃないか」、「和の理想なんて、そんなのはきれい事だ」と批判したりしています。

でも、このあたりからだんだん聖徳太子が実力をつけ始めてきていることがわかります。六〇一年、斑鳩《いかるが》に宮をつくる。つまり飛鳥《あすか》から一定の距離を置いたところに宮をつくって、しかもそこに、今の法隆寺《ほうりゅうじ》の前身のお寺を建て、「法隆寺」という名をつけます。

飛鳥寺《あすかでら》は「法興寺《ほうこうじ》」つまり「仏法を興す寺」です。それに対して「仏法を興隆させる寺」とつけた意味がおわかりになりますか？　寺の名前自体、対抗措置なんです。

法興寺は推古天皇と馬子と聖徳太子の合意で建てた日本初の大寺院とはいっても、やはり主に馬子の息がかかっている。それに対して距離を置いて同等あるいはそれ以上のお寺を対抗措置として建てていく。そして、馬子の勢力圏から距離を置いて、そこから飛鳥の朝廷まで馬で通う。いわば通勤するんです。

しかし、この通勤はかなり時間がかかったと思います。昔、飛鳥のワークショップのあとで、参加者のみなさんと車で走ってみましたが、かなりの距離でした。今の道路と違って昔の太子道は飛鳥までほとんど直線ですが、それでも馬で通っても軽く三時間はかかるという距離だと思います。あえて、そういう距離を取って宮廷に通ったようです。

とにかく馬子に距離を置きながら、ちゃんとそれだけの宮を構えて対抗措置を取っていきながら、だんだん年齢も上がってきて、いわば威厳を備えていく。

指導者ってそうですが、やはり若い時はどうしてもやや貫禄《かんろく》不足です。でも、三〇、四〇となってくると、だんだん指導者にふさわしい威厳《いげん》を備えてきます。威厳が出てくると、直面しただけで、目を見ただけで、ちょっと簡単に言うことをきかせるわけにはいかないという雰囲気が出てきます。

一九や二〇歳でも古代では若造ではありませんが、馬子は血縁的には大叔父《おおおじ》ですから、最初の頃は「何を言っとる、若造」みたいに扱っていたでしょうが、だんだん自分は老いてくる、向こうは三〇代、四〇代になってくる。だんだん太子に逆《さか》らいがたい威厳が備わってくるのを感じたに違いありません。

兄弟の犠牲による平和？

それでも馬子は、また新羅を討とうと主張して、いちおう出兵することになりますが、その時、当時としてはまったく例外的に聖徳太子の弟の来目皇子《くめのみこ》が将軍になっています。皇族が将軍というのはこの時代には珍しい。危険ですからね。にもかかわらず、太子は弟を将軍にしています。ところが、この皇子は筑紫で病死したことになっているんです。

来目皇子が病死したという言い伝えのある村の、ここもまた小さな碑《ひ》が残っているだけのところに案内していただいたことがありますが、小さな村で、村人が皇子を祀《まつ》った久米《くめ》神社と皇子の墓を千数百年守っているんですね。村の方たちは来目皇子が歴史的にどういう人なのかあまり知らないと思います。ただ何か「昔の偉い人だから」といって神社やお墓をしっかりと守っているんじゃないでしょうか。そういうところ、日本というのは何か奥ゆかしいというか深さのある国だなと思いました。

来目皇子が死ぬことによって結果的に出兵が中止になっていますが、これは偶然なんでしょうか。その背後には聖徳太子の意志が働いている、と私は読みます。それは、来目皇子の死からあとはずっと聖徳太子が亡くなった直後まで新羅出兵が止まっているからです。

来目皇子が平和を願う太子の気持ちを察して、「私が将軍になり、将軍の私が死ねば、幸先《さいさき》が悪いということで、この戦《いくさ》は止められる」と思ったのではないか、と私は推測しています。それに加えて、聖徳太子の抑えが効いてきたので、さすがの馬子もそれ以上は新羅出兵を主張できなかったのではないでしょうか。

というのは、さらにもう一人の弟、当摩皇子《たぎまのみこ》が次に将軍になり、出征の途中、瀬戸内海のあたりで奥さんが死ぬんです。これも、病死ということになっていますが、奥さんの覚悟の死で、「夫を殺すよりは私が死のう」ということだったのではないかと思うんです。

こういう時代に、奥さんが死んだからといって、「妻が死んだから、私は戦争に行かない」ということが、成り立つのかどうかは知りませんが、しかし幸先が悪いことはまちがいなく、ともかく新羅出兵は中止になっています。

つまり、弟と、もう一人の弟の奥さんが死ぬことによって新羅出兵が当分の間止まったわけです。この出来事を単なる偶然ではなく、太子が、まさに和の国・日本を実現するために、親族の死もあえて辞さず、辛《つら》い決断をしたのではないか、と読むと、大変感動的です……そうであるかどうかは謎《なぞ》に包まれていますが……。

『冠位十二階制』の意味

新羅出兵も全部止めてから、六〇四年になって『冠位十二階制』を定めています。それまで豪族たちの権力の乱立状態だったのを、いちおう朝廷の権威に基づいて全員の資格というか位を決めてしまう。これを単なる階級制だと読んではダメなんではないでしょうか。そうではなく、制度がちゃんと決まらないと、その時その時の実力で「オレのほうが上だ」「いやオレのほうこそ」と争い合って秩序が乱れ、決着をつけるには戦争をするしかないということになるんです。それは、戦国時代のことを考えてみるとはっきりしますね。

そういうことにならないようにするためには、安定した秩序が必要です。「制度として、あなたの権限はこうで、あなたの権限はこうで、あなたの順位はこうで」とはっきり決まってしまえば、その秩序は簡単には破れなくなりますから、平和になるんです。

単純にみんなが平等になると平和になると思う人がいますが、これはちょっとお考えいただければすぐにわかります。横並びの平等で、「みんな対等だ」と思っている場合、力にちょっと差異が出てくると、下手をすればかえってケンカになるんです。そうではなくて、「身分はこうだ」と決まってしまうと、そこでとりあえず「そういうものなんだ」という感じになって収《おさ》まる。社会にみんなが合意をせざるをえないある程度の階級制がちゃんとできた時に平和になるということもあるんです。

だから、平和が大事か平等が大事かという問題にもなります。人間の尊厳《そんげん》・権利としての平等が大事だということは言うまでもないんですが、そうは言ってもこれまでの人間社会では、合意された一定の不平等・差別があることによってかえって社会の秩序が安定し、そういう意味でようやく平和になるというのは、避《さ》けられなかったことだと思いますが、どうでしょうか。私は、聖徳太子の『冠位十二階制』はそういう知恵だと思います。平和のために豪族間に階級差をつける。それをある程度固定化させることによって国の安定を図《はか》るということです。

『十七条憲法』の発布《はっぷ》

『冠位十二階制』を定めた同じ年、『憲法十七条』——こちらはある意味では建前です——という形で、「和を以て貴《とおと》しとなす」ということを冒頭に掲《かか》げた憲法をつくり、それを「これがわが国の建前なのだ」と文章化して公表してしまうんです。

「『十七条憲法』は私的な文書であって、公表はしていないんじゃないか」という学者がいますが、私は、これは公表しなければ意味がないと思う。これを公表するとすれば、場所は飛鳥小墾《あすかおわり》田宮《だのみや》でしょう。しかも新築成ったばかりの飛鳥小墾田宮。今は推定された跡に、松の木か何かが一本立っているだけですが。

その木の香も新しい宮ができたところで、たぶん新年とかに、この『十七条憲法』を、官僚の中の一番声が大きくていい声の人が朗読して公布するわけです。

馬子などは、頭を下げながらも、内心では「何きれい事言ってるんだ」と思いながら聞いていたでしょうね。もっと教養の低い豪族たちは、「なんか高尚《こうしょう》なことを言っているらしいけどわからんな」と。それから聖徳太子派の、彼の理想を理解した少数の豪族たちがいたみたいですが、彼らは深く深く感動しながら聞いていたでしょう。

ともかくそこで、私に言わせると日本の「国のかたち」が決まったんです。これはもう、良くても悪くても日本初の憲法で、そのことはあとで変えることができない。良くても悪くても変えることのできない初の憲法が、幸いにしてすばらしいものだった。そのことは、私たちは日本人として非常に喜ぶことができるなと思います……それは中身を理解してからのことですが。

「大化の改新」を準備した遣隋使《けんずいし》

このあともいろいろなことがあります。でもひととおりの政治的なベースは全部つくったあと、『勝鬘経《しょうまんぎょう》』や『法華経《ほけきょう》』を講じたり、注釈書を書いています。もしかすると『維摩経《ゆいまぎょう》』も注釈書を書いたかもしれません。伝承としては『三経義疏《さんぎょうぎしょ》』と呼ばれる著書を書いたことになっています。

それからこの間に遣隋使を送っています。この遣隋使というのがとても大事で、特に六〇八年の遣隋使が、のちの「大化の改新」を学問的・思想的に準備していると言ってもいいと思います。学問僧・南淵請安《みなみぶちしょうあん》と旻《みん》、それから学生の高向玄理《たかむこのげんり》などで、そのうちの旻という人は途中で殺されたようですが、南淵請安と高向玄理という二人が「大化の改新」のブレーンになっています。

この人たちは、若い時に聖徳太子に見込まれて送られているんですから、それは当然、理想を共有していたでしょう。つまり、「和の国・日本を実現する実際の形としては、どうも隋の律令《りつりょう》制《せい》というのが良さそうだ。律令制を学んできてくれ」と。それからもう一方、学僧ですから、「向こうの最新の仏教学も勉強してほしい」と。そういう太子の意思を受けて送られていくんですが、この帰って来た南淵請安がなかなか陰のブレーンとして大きな仕事をしているようです。

しかし、こんなことは日本史の教科書には書かれていないようですね。

南淵請安も小さな墓が残っています。飛鳥の奥のほうの小さな村にあって小さい墓ですが、これも、村でそれを大切に千数百年守っているんです。でも、請安先生がどのくらい偉い人だったかは村の町会長さんに聞いてもわからないかもしれません。「なんか聖徳太子の頃の偉い人だったみたいよ」という程度かもしれません……が、でも時々、アカデミックな歴史学者顔負けの郷土史家もいたりしますから、わかりませんが。

ここで指摘しておきたい大切なことは、隋のその当時の最新の仏教学、特に留学生に学ばせた仏教文献は『摂大乗論《しょうだいじょうろん》』だということです。しかも玄奘《げんじょう》の訳によるものではないその前の唯識《ゆいしき》です。訳でいうと私が現代語訳をしています真諦《しんたい》訳の『摂大乗論』を勉強しているんです。だから当然、請安たち留学僧はまちがいなく唯識を学んでいるはずなんです。

彼はすぐには帰って来ていません。ずっと長いこと向こうにいて、聖徳太子が死んだあとに帰って来ています。しかし、聖徳太子から委託《いたく》を受けて、その理想を実現するための知恵を得るべく行って帰って来た人の一人だろうと思います。

こういうふうに、聖徳太子は生きている間のことだけではなく、自分の志があとに継《つ》がれるための準備もちゃんとやっているというところがすごいですね。

それから六二〇年頃には、国の憲法ができたら、次は正式の国の歴史・国史をつくろうとしています。

これについても、戦前の国史というのは確かに問題がありましたから、国史というとまたすぐ

「右翼か」と思う人がいます。しかし、国があったら必ず国史が必要なんです。必要だからというので編纂《へんさん》させようとした。のちの天武《てんむ》天皇や藤原不比等《ふじわらのふひと》には、「その志を継いで私たちは『古事記』『日本書紀』を編纂するんだ」という思いがあったでしょうね。

聖徳太子が遺《のこ》したもの

聖徳太子は、日本の国が平和な国になるような社会的状況づくりをやって、建前をつくって、そしてなおかつ、その内面を支えるような仏教学とその外面を支えるような律令制度の導入を考え、そういうことをもっと学ぶための留学僧も派遣しておいて、そして自分自身は『勝鬘経』や『法華経』や『維摩経』という仏教の学びを深めて――それは読んでみるとわかるんですが、覚《さと》りを開いていないと書けない文書というのがある。学問だけで書ける文章と、自分が体験していないと書けない文章というのがあって、ていねいに読んでみましたが、あちこちに「やはりこれは覚っていないと書けないな」という文章があります。もしその著者だとすると――学問だけじゃなくてちゃんと深い覚りも開いた仏教者であった。しかもお坊さんになって世の中から逃れるんじゃなくて、政治のトップで、政治権力のさまざまな問題にいわば泥にまみれながらしかし理想を貫くという、そういうまさに菩薩《ぼさつ》としての一生を送ったのではないか、という気がします。

六二一年にお母さんが、翌六二二年に奥さんが亡くなって、一日か二日後に自分も亡くなります。もっとも奥さんは、結婚したのは四人、早くに一人が死んだので、亡くなった時点では三人で、その中の一人が一日差くらいで亡くなるんですが、この人は一番可愛《かわい》がられた奥さんらしいですね。今でも、陵《りょう》といいますか御陵《ごりょう》といいますか、聖徳太子の墓には、お母さんとこの奥さんと聖徳太子の三人が入っている。ほかの奥さん、悔《くや》しかったでしょうね（笑）。ほかの奥さんのほうが身分が高いんですが、やはり聖徳太子に一番愛されたらしく、一日差で死ぬぐらいですからね。やはり聖徳太子の意志が働いて、「彼女と入りたい」とかね（笑）。「お母さんと彼女と私と、三人で入りたい」という遺言《ゆいごん》だったんでしょうか。

この聖徳太子廟《びょう》（死者の霊を祀ってある建物）も行きましたが、建物は江戸時代のものでちょっと風格・格調が落ちるという気がしましたが、でも行くといろんなことを思います。

そして、亡くなった翌年に新羅征伐がまた始まる。これは、流れを見ると、聖徳太子が馬子を抑える力がある間は馬子も言えなかったけれど、聖徳太子が死んでしまったら、推古天皇だけでは抑えられず、新羅討伐・戦争しますということになったんでしょうね。

しかし、聖徳太子の和の国・日本への想いは、やがて別の形で実現されていきます。遣隋使を通じて送られた学問僧たちが日本に帰って来るんです。六四〇年に南淵請安《みなみぶちしょうあん》は帰って来ていますが、六〇四年から六四〇年ですから三六年もかけて唐で勉強して、そして理想を実現するための知恵を持って帰って来る。この南淵請安などに教わった藤原鎌足《ふじわらのかまたり》や中大兄皇子《なかのおおえのおうじ》（のちの天智《てんち》天皇）が「大化の改新」をやって律令国家を形成していきます。つまり、聖徳太子の理想はちゃんとあとに継がれたと言っていいと思います。

中大兄皇子と藤原鎌足と馬子の孫の入鹿《いるか》はいわば学友で、飛鳥《あすか》の奥の村にあった請安先生の学塾に通ったみたいです。もちろんまったく同じではないでしょうけど、彼らが通ったあたりの今も残っている山道を歩いたり、レンタルの自転車で走ったりしましたが、「彼ら三人が、ここを通って南淵先生のところに勉強に行って、でも入鹿は二人に殺されてしまい、中大兄皇子と鎌足で律令国家を形成する大きなスタートを切ったんだな」と思いながら歩くと、なかなか感慨深いものがありました。

以上、クロッキー（大まかなスケッチ）程度の話でしたが、この程度でも、聖徳太子が幼少期から一貫して、和の国・日本をつくりたいという理想——それは個人の資質でもあったでしょうし仏教や儒教《じゅきょう》を学んだことからもくるでしょうが——それを実際の政治的プロセスの中で実現をしていくということを、しっかりとやったことがわかっていただけたのではないでしょうか。

太子は、決してどこか山の中に入って清らかに悟りすますなんていう仏教者ではなくて、現実生活、しかも政治の真っただ中で——しかも馬子は相当難しい相手だったと思います——彼を相手にまわしながら、ある時点からは馬子がいくら言ってももう出兵はさせないという、それぐらいできる、そして建前として『十七条憲法』を決めてしまったら、もう馬子にも捨ててしまうとか無かったことにするとかはできない。そして、千数百年の間残って、私たちの手元にほぼ原文のまま届いているわけです。「これが日本の理想だ」とね。そういう人でした。

『十七条憲法』が届いている私たちのところには、実はそれによって聖徳太子の理想が届いているわけです。これはすごいことだと思います。決して単なるペーパーや文字が届いているだけではなくて、そこに託された聖徳太子の「日本という国をこういう国にしたい」という想いが届いているわけです。その深い想いを私たちが今読み解くことができるかどうかが、たぶんこれからの日本を決めるだろう、と私は思っています。

国が良くなるには、国民の中に、そして国民の代表としてのエリート・リーダーの中に、本心で国を良くしたいという情熱が必要です。それがなければ、決して国は良くならない。みなさんは、そういう情熱がなくても国が良くなったりすると思いますか？　計画を立てて実行する情熱がないのに、実行ができると思います？　いやそもそも計画を立てること自体、ものすごく学んで考えて考え抜かないとできないんです。それだけの勉強をして努力するということが、頭がいいだけで情熱がなくてもできると思いますか？　計画を立てること自体、ビジョンをつくること自体、ましてやビジョンを実行することは、情熱がないとできない。

その情熱は、まさに国を愛する心がなければできない。そういう想いが私たちに伝わっていると思うんです。それを私たちが理論的にも心情的にも読み取り受け取らないと、日本をいい国にすることはできない。単なる西洋由来の近代ヒューマニズム・近代合理主義だけでは、やはり本当の情熱って湧《わ》いてこないと私は思いますけど、どうでしょう。

だから情熱の源泉としてこれを読み解くという作業は、一見右翼的に見えるかもしれませんが、すべての国民にとっていい国にしたいという点では、これは左翼以上に左翼だといってもいいと思います。右と左の統合——右の情熱を持って左の理想を実現する——それが聖徳太子『十七条憲法』から私が読み取りたいことなんです。

第二講

進歩派の端《はし》くれが聖徳太子を発見するまで

一般的な常識・印象でいうと「なぜ『十七条憲法』とスウェーデンが並ぶんだ」という疑問が出てきそうなのに対し、「こういうわけで並ぶ」という話をしています。前回までイントロダクション的な話をしましたが、今回もう少しつけ加えてから、本文の解釈・解説に入っていきたいと思います。

戦前、聖徳太子、特に『十七条憲法』は、天皇制体制を主張する文書だと理解され、そういう本がたくさん出ています。そのため、戦後の民主主義的・進歩主義的な教育を受けた読書人・知識人は、聖徳太子→天皇家の一族→天皇制→ファシズム（国粋主義）といった単純な連想で、「聖徳太子」というと、とたんにアレルギーを起こす人が多かった（今でもかなり多い？）のです。

にもかかわらず、日本古代の偉人という話になるとやはり聖徳太子というイメージもあるので、「何か偉い人だったらしい。まあでも結局は天皇主義者なんだろう」という大雑把《おおざっぱ》なイメージが流布《るふ》しています。

私も戦後教育を受け、大学からまた大学以後ある時期まで、どちらかというと進歩主義的な知識人の端くれふうに過ごしましたので、今から一〇数年前までは、自分で聖徳太子を語るようになろうとは夢にも思っていませんでした。

まず大学ではキリスト教神学が専攻でしたが、キリスト教と仏教の根底にあるものは同じだという考え方の先生（八木誠一《やぎせいいち》先生）に会ったのがご縁《えん》で、キリスト教絶対主義を離れて仏教のほうも勉強するようになりました。

勉強していると、特に京都学派宗教哲学的に解釈された仏教は非常に合理性が高いというか、あるいは合理性を超えて、含んで超えて深さがあるという感じで、だんだん勉強の対象がキリスト教よりも仏教に移っていきました。

移っていくプロセスで、特に京都学派の祖である西田幾多郎《にしだきたろう》先生もしっかりと坐禅《ざぜん》をやって、坐禅体験をしながら哲学をされた方だということを知りました。その後の田辺元《たなべはじめ》先生という方は、坐禅はしないで論理だけで仏教を論じていて、お二人の書かれたものを比べながら読んでいくと深さが違うという感じがしました。

その後の西谷啓治《にしたにけいじ》先生や久松真一《ひさまつしんいち》先生という方たちは、また非常に深い坐禅をされた方たちで、「やはり論理だけではわからない」とおっしゃるし、私もそう思ったので、坐禅を始めました。

坐禅を始めるに際して、昔は「ごちゃごちゃ理屈を言ってもわからんのだから、とにかく黙って坐んなさい」という指導の仕方をしたんですが、私はそういう哲学的・論理的な面から入ったものですから、どうしても論理が気になりました。

そこで、当時の禅の指導者の中では一番論理的にちゃんと語る本を出しておられると思えた秋月龍珉《あきづきりょうみん》先生の道場に入門しました。先生は、欧米世界に日本の禅のすばらしさを知らせたことで有名な鈴木大拙《すずきだいせつ》先生の高弟で、京都学派宗教哲学の影響も強く受けておられ、いわば理屈でもわかる語り方をしておられたんです。

私は、入門以前から大拙先生の本や秋月先生の本を読んでいたのですが、そういうものを読んでも、まだもう一つ論理的・心理学的に煩悩《ぼんのう》と覚《さと》りということがよくわかりませんでした。そこで、ある日、坐禅会の終わったあとで、秋月先生に質問したら、「仏教の教学の中で心理学的にもっとも詳しいものに唯識《ゆいしき》というのがありますね」というヒントをいただいて、唯識の勉強をすることになったわけです。

唯識の勉強をして、煩悩と覚りとはどういうことなのかが理論的に非常に明快になったという思いがしました。また勉強していくプロセスで、禅と唯識に加えて仏教学一般もざっと勉強して、体験的にも理論的にも「仏教がわかった」という気持ちになっていたのが、一〇数年前の状態でした。

その頃、日本の精神的な荒廃《こうはい》状況が目立ってきていたものですから、いろいろなところで話をすると、あとの二次会なんかで、「岡野さん、どうして日本はこんなふうになっちゃったんでしょうね」という質問をしばしば受けるようになりました。

私は、著述・講演業という仕事でしかも精神の話をしているわけですから、「わかりません」と言うと格好《かっこう》がつかないので当初、思いつきで「こうだからじゃないですか」「ああだからじゃないでしょうかね」とか言っていたんですが、やはりちゃんと自分で納得できる答えを出さないといけないと思うようになり、いろいろ調べたり考えたりしていくうちに——途中経過は省きますが——要するに神仏儒習合《しんぶつじゅしゅうごう》というか、神さま・仏さま・天地自然・ご先祖さまというものが全部同じものだという感じで捉《とら》える日本人の宗教的常識、それが日本人の精神性・倫理性を支えていたんじゃないか、どうもそういうことなんだとわかってきました。

もっともわかりやすい例を挙げると、昔「嘘《うそ》をつくと閻魔《えんま》さまに舌を抜かれる」と言われたものですね。私たちの世代以前、それから私たち世代も小さい頃は、それでびくっとして、嘘ついちゃいけないんだなと学習したものです。

典型的なのは「閻魔さまに舌を抜かれるぞ」ですが、その他あらゆることについて「悪いことをすると罰《ばち》が当たるぞ」と言われました。この「罰」というのは、天罰であっても仏罰であっても神罰であっても、日本人には特別違いはないんです。何かとにかく自らを超えた大いなる何者かの罰が当たる、と。だから罰が当たるような悪いことをしちゃいけない。逆に言うと、いいことをするといい報いがあるという、そういう考え方をしている。「因果応報《いんがおうほう》」という考え方ですね。

その因果応報、善因善果《ぜんいんぜんか》・悪因悪果《あくいんあっか》という考えが日本人に、それこそ庶民の隅々にまで行き渡っている時には、日本はかなり安全で安心な国だった。そうした共通理解が近代化によって失われるにつれて、だんだん日本という国があまり安心でない、安全でない国になってきている、と。細かい社会学的、社会心理学的な分析をすると、まだいろいろなことが言えますが、大筋はそう言っていいと思います。

そこで、はたと気がついたのは、日本人にとって神仏儒習合の中核としての仏教は非常に大事なものだったんだ、と。西田哲学・京都学派宗教哲学が哲学として取り出した仏教だけではなく、庶民化・常識化していたレベルでも日本人にとって仏教は非常に大事なものだったんだ、ということです。

そういうことに思い至りまして、そこで「ええと、この仏教というものを日本に入れたのは誰だっけ?」と考えると、その頃までは勉強していなかったのであまり日本史の知識がなくて、入試のための高校日本史の「丸暗記しました。終わったら忘れました」みたいな知識しかないものですから、「ええと、聖徳太子だよな……確か推古天皇―聖徳太子ラインで三宝興隆《さんぽうこうりゅう》の詔《みことのり》とかなんとかあったな」というぐらいは思い出しまして、「そうか、日本に仏教を入れたのは聖徳太子なんだ」と。

ところが、今考えると恥《は》ずかしいことに、こちらは仏教を理解しているつもりでしたし、進歩的知識人が天皇制ファシズムに対して取る軽蔑的姿勢がありましたから、「聖徳太子ってやつは仏教がわかっていたのかな? わかって入れたのかな? そうじゃなくて、自分もわかっていないけど、庶民をだましておとなしくさせるための虚偽意識・イデオロギーとして輸入しただけなんだろう」みたいな予断と偏見がありました。

しかしまあ、さすがに長いこと学問に触れてきているので、学問的態度は予断と偏見を置いて事実かどうかを確かめることから始まるという姿勢は最小限できていましたから、「そうかもしれないが、考えてみると自分は聖徳太子の書いたものは読んだことがない。読まないで断定するのはまずい。じゃあ読もう」ということで、最初は聖徳太子のものと伝えられている『三経義《さんぎょうぎ》疏《しょ》』を読みました。これは幸いにして中村元《なかむらはじめ》先生が中央公論社の「日本の名著」というシリーズの中で『三経義疏』の現代語訳をしていらっしゃる。全部ではないんですが、重要部分の抄訳《しょうやく》です。これが手近にあったので読みました。

そこで驚いてしまったんです。「これを書いたんだとすると、聖徳太子はすごく深い仏教理解をしている。理解しているどころか、これは覚っていなければ言えないことを言っている」と感じて驚いてしまいました。

その本の最後のところに『十七条憲法』の現代語訳も付いていました。それで、続きという感じで読みますと、『三経義疏』の仏教思想と『十七条憲法』がまさにぴったり内容的に一致している。内容を読んでいくと、天皇制イデオロギーなどと片付けられるようなものではない、と。そこには、非常にすばらしい国家理想が書かれている。それにびっくり、感動してしまいまして、日本人全体が私と同じような偏見を持ったまま、これを知らないでいるのは大変もったいないと思うようになって、とうとう『聖徳太子『十七条憲法』を読む』（大法輪閣、二〇〇三年）という本も書いてしまったということなんです。

普遍的な理想の国家像

本文の話に入る前にもう少しお話ししますが、そうして読んでみると、聖徳太子『十七条憲法』には「和」という国家理想が示されている。そして「和」という国家理想には、単に人間と人間の平和だけではなくて、人間と自然の調和という意味も、まちがいなく含まれているということが読めてきたんです。

「一四〇〇年余りも前に、こんなに普遍的な理想の国家像が描かれている。これが日本国初の憲法なのだ。とすると、日本人には歴史的にいって立ち返るべき理想の原点がある」と思うようになりました。

歴史的に見ると、日本という国はいい時もあれば悪い時もあり、特に近代はやはり対アジアということで言えば侵略と言われざるをえない大失敗をやっています。しかしそうではあっても、少なくとも出発点・原点においてはきわめて高い理想を持って国づくりを始めた国である、と。

それから、最近の江戸時代史は、かつての左翼史観で捉えた江戸時代史と変わってきています。江戸時代というのはよく考えてみたら、二七〇年間、対外侵略をやっていないわけですね。それから外から侵略もされていない。そうするとまさに「持続する国際平和」という意味では、あの鎖国《さこく》というのは実は大変な達成だったということが見えてくる。

オランダや中国などとしか貿易をしなかったんですが、しかしその中で循環型の農業がみごとに確立していて、当時の幕末三〇〇〇万余りの人口であれば、このまま自然を一切壊すことなく人間もそこそこ食べていくことができるという「循環型・持続可能な社会」がみごとに先駆的に形成されていたということも見えてきて、そこに至るまで導く根底になった精神は、この「和」の理想だったことに気づきました。

それは『十七条憲法』を読んだか読まないかは別にして――庶民は「聖徳太子信仰」という形で信じて崇《あが》めているだけで、読んではいなかったでしょうが――「神仏儒習合」という形で江戸時代まさに日本人の常識だったわけです。その精神によって、江戸中期から末期にかけてかなりのレベルで安全で平和な「和の国」が形成されたわけです。

これは日本人にとってとても大切な、思い出すべき原点であり、日本は今ますます混乱してきていますが、ここを原点にしてもう一回国づくりをやればやり直しがきくと思っていたところに、ここ五年前くらいから、続いてスウェーデンという国が近代二百数十年かけてすばらしい国づくりをやっていることを知り始めまして、その内容と『十七条憲法』の目指すところを対照してみると、もちろん国も違いますしベースになっている思想も違いますから一〇〇パーセントではありませんが、相当に重なっていると見えてきました。

そうだとすれば、日本人は『十七条憲法』の精神を再発見し、それを原点としてスウェーデンをモデル・ヒントとして次の国づくりを目指すと、すばらしい国をつくれる可能性がある……と、前置きはここまでにして、本文に入っていきます。

十七条全体の組み立て

「本文に入っていきます」と言っておきながら、また前置き的ですが、まず十七条全体がどういう組み立てになっているか、全体像を見てから個々の条文を見たほうが理解しやすいと思いますので、簡単にお話ししておきます。

この憲法の条文の数はなぜ十七条なのかという説については『聖徳太子『十七条憲法』を読む』を読んでいただくことにして端折《はしょ》りますが、とにかく第一条に「和」という国家理想が語られています。この「和」という国家理想は、人間同士の平和だけではなくて自然と人間の調和も含まれています。

それから第二、三、四条では、その理想を実現するための原理が語られています。

それから第五条から六条は、今度はそのための実際的な規範《きはん》が述べられていると捉えていいと思います。

ですから、まず原理があって、その原理に基づいて次は実際的な規範で、先の本の章のタイトルで言うと、例えば「公正な裁き」「法による統治」「菩薩的なリーダーによる統治」それから「精進としての公務」などがあって、それから第九条、十七条のちょうど真ん中に「信」ということが置かれています。

中心に「信」があるのは、偶然なのか意図的なのか、これは解釈のしようですが、私は、明らかに要《かなめ》のところに「信」が置かれていて、「信」は儒教的な人間の相互信頼という意味と、人間を包む大きなもの、仏教的に言うと仏への信という意味の両方含まれているというふうに読んでいます。「信」がすべての要になるということが第九条、条文としてもちょうど要のところで述べられているわけです。

それから十から十六条は、さらに倫理的な規範と実際的な規範の必要不可欠な項目が述べられて、そして十七条で、第一条でも述べられていますが、「和」という国家理想を実現するのは、合議制でやるべきだ、と。徹底的に話し合ってやるべきだと述べられています。

第一条にも述べられ第十七条でも述べられている「徹底的に話し合うように」ということは、

これはもう明らかに独裁制ではまったくないということです。

もちろん古代ですから、国民一人ひとりに投票権があるという意味での普通選挙・議会制民主主義というのではありません。しかし、仏教で「僧」というのは、元々あれは単数ではなくて「僧伽《そうぎゃ》」、サンスクリットで「サンガ」といいますが、「僧団」という意味です。駄洒落《だじゃれ》で言うんですが、「ゴータマ・ブッダ以来、僧団では、ものごとは相談で決まるんです」と。つまり、合議制民主主義なんです。

そして、聖徳太子は、ブッダ以来、僧団は民主主義でやっていることは当然ご存知です。本当は国もそういうふうにやったほうがいいこともわかってはおられて、しかしそれを当時の日本で実行することは不可能ですから、そこまでは言われません。

けれども、ともかく群臣たちの間では、「天皇が絶対ということではなくて合議制でいこう」「徹底的に話し合っていこう」ということを、最初と最後で言っていますから、これはもう戦前言われたような天皇絶対制の理論ではありえないんです。

以上のような全体像を見ると、第一条で一番大事な、まさに第一条に挙げられるべき「和」という国家理想が語られていて、その国家理想を実現するにはこういうことが必要だ、倫理的規範として、実践的にこういうことが必要だ、ということが述べられるという形になっていることがわかります。

第一条から第三条の重要度について

これも重要なことなので、もうちょっとだけ言っておきますが、まず第一条から第三条まで見ていくと、第一条は「和をもって貴《とおと》しとなし」という有名な言葉があるところです。

歴史教科書はスペースの問題もあってしょうがないといえばしょうがないんですが、第一条から第三条くらいまで、しかも全文ではなくて頭のところだけ載せるんです。

二条は「篤《あつ》く三宝《さんぼう》を敬《うやま》え」、せいぜい「三宝とは、仏と法と僧となり」というところまでしか載せません。だから、生徒たちはみんな、第一条全体、第二条全体にどう書いてあるかは知らないままで終わってしまうんです。

一番問題なのは、第三条の「詔《みことのり》を承《うけたまわ》りてはかならず謹《つつし》め」で、戦前の教育を受けられた方は憶《おぼ》えていらっしゃると思いますが、これは「承詔必謹《しょうしょうひっきん》」という言葉で語られたところです。要するに、この部分だけを取り上げて、「天皇の命令・詔には絶対服従せよ」と書いてあると読んだんです。

戦前の『十七条憲法』の解説書は口をそろえて、「『十七条憲法』で一番大事なのは第三条だ」と言っています。そうすると、「一番大事なんだったらどうして第一条にしなかったんだろう」という疑問が出てきますが、さすがに学者は、自分でそういう疑問を書いておいて、でもごまかして、「一番大事な第三条をいうための準備として一条と二条をお書きになったんだ」と言っています。でも、どうして三条にするんでしょう？　一般的な文章の書き方でいうと、一番大事なことは一番目か、でなかったら最後に書くんじゃないでしょうか。そうでなかったら、例えば真ん中に置くとか……いずれにせよ一番大事なことを三番目に置くのは文章としては考えにくいことですが、あえてそう理解したいとなると、「一番大事なことなので、本来は一条にあるべきだったのだが、前置きをする必要があったので三条になったのだ」というふうなわけのわからない理屈をつけて解説をしています。例えば文部省国民精神文化研究所員という恐ろしい肩書の方がＮＨＫで放送した本とか、当時の文部省が公認した文献の中にそういう書き方がしてあります。

テクストとコンテクスト

私は、文章を素直に、そして読み曲げないように読むと、そういうふうには読めないと思うんですが、ただ、お話ししたように、文章というもの・「テクスト」は、読む人自身がどういう理解のための文脈・「コンテクスト」を持っているかによって、読みがまるでと言っていいくらい変わるもので、ほとんどの場合、自分のコンテクストでテクストを読んでしまいます。それはもう人間のほとんど避けがたい傾向なので、ちゃんと読むつもりなら、自分がどういうコンテクストを持っているかを自覚しておいたほうがフェアだと思います。

ですから私は、さっきお話ししたようなコンテクスト――仏教は日本にとって哲学的にもすばらしいし、庶民の倫理・道徳・精神性の支えとしても大事なものだ――で読んでいることを自覚していますし、自覚した上で、第二条では仏教のいわば国教化宣言がなされていて、そこには聖徳太子の深い・高い仏教理解が込められているはずだというふうに、もしかすると深読みをしているわけです。

しかし、ないものまで読むのは「読み曲げ」ですが、あるテクストに深い意味を読み取るというのは、「深読み」といって、古典というものは、やればやるほど深読みができる、それが古典というものなんです。

だから、自分の理解が浅い時にはこうだなと思って読んで、それなりに感銘を受けたりする。ところが自分自身がもうちょっと深まってきてからもう一回読むと、「ああ、それもそうだけど、実はもっと深いこういう意味があったんだ」と読めてくる。しばらくしてまた読むと「ああ、読めてなかったな」ということになります。

思想家・作家の埴谷雄高《はにやゆたか》さんが、ドストエフスキーについて「古典は成長する」という名文句を言っておられますが、私にとって、そういう古典は例えば聖書、例えば『正法眼蔵《しょうぼうげんぞう》』、例えば唯識、最近感じているのは般若経典《はんにゃきょうてん》です。

般若経典は『金剛般若経《こんごうはんにゃきょう》』とか『般若心経《はんにゃしんぎょう》』を読んで、「これくらいわかっていれば、もういいだろう」というつもりでいたんですが、『摩訶般若波羅蜜経《まかはんにゃはらみっきょう》』という長いものを読んだら、「いやあ、これは深いな」と驚いて、あまりにも深いので、六百巻の『大般若経《だいはんにゃきょう》』も「もしかしたらやはり読まなきゃいけないかな」と思って読み始めたら、やはりすごい。『大般若経』も含めての般若経典の再発見的な「いやあ、わかったつもりだったけど、まだまだだったなあ」という感じがしました。

『十七条憲法』もそういう意味での古典でありうるかということですが、どうも古典でありうる、深読みができる、そういうテクストだと私には思えます。

第一条「和」でどんな困難も解決できる

だいぶ前置きが長くなりましたが、第一条です。これは、元は漢字ばかりの漢文を読み下《くだ》したものです。読み下しにはいろいろな派があるというか読み下しの仕方があって、「和」も「わ」ではなくて「やわらぎ」と読み下す場合もあります。これは、元々『論語』に出てくる言葉ですが、聖徳太子はより深い意味を込めて使っていると思いますので、「わ」と読んでおきたいと思います。

まず原文書き下しを引用しておきます。

一《いち》に曰《いわ》く、和《わ》をもって貴《とおと》しとなし、忤《さから》うことなきを宗《むね》とせよ。人《ひと》みな黨《とう》あり。また達《さと》れる者少《ものすく》なし。ここをもって、あるいは君父《くんぷ》に順《したが》わず。また隣里《りんり》に違《たが》う。しかれども、上和《かみやわら》ぎ、下睦《しもむつ》びて、論《あげつら》うに諧《かな》うときは、事理《じり》おのずから通《つう》ず。何事《なにごと》か成《な》らざらん。

〔第一条　平和をもっとも大切にし、抗争しないことを規範とせよ。人間にはみな無明《むみょう》から出る党派心というものがあり、また覚っている者は少ない。そのために、リーダーや親に従わず、近隣同士で争いを起こすことになってしまうのだ。だが、上も下も和らいで睦まじく、問題を話し合えるなら、自然に事実と真理が一致する。そうすれば、実現できないことは何もない〕

まず第一条には「和」ということ——とりあえずここでは平和と訳しましたが、実は自然との調和という意味もあるんですが——を何よりも大切にせよ、とあります。

続けて相逆《さか》らわないこと、抗争しないことを、一番大事なこと、規範とせよ、と。戦前この箇所は「天皇陛下に逆らうな」と読まれていました。しかし、国家理想を掲げて「平和を追求しよう」といった直後に「天皇陛下に逆らうな」という話になるでしょうか？　どうも不自然だと思えるんですが、戦前はそういうふうに読まれたんです。つまり、文献（テクスト）というものは特定の文脈（コンテクスト）で読めば、いちおうそうかなというふうに読めてしまうんです。

ここでは、それとは違う読みをしていきますが、「抗争しないことを規範とせよ」というのは、日本という国は平和と調和を追求することを理想としているという話の続きで、ここでは、非常に高らかに国家理想を謳《うた》いあげているわけです。

そして、謳いあげた直後に、「しかし人間にはみな『黨《とう》』がある」と根本的な問題を指摘しています。

この「黨」は、従来、政党の「党」の正字・旧字で党派とか党派心という意味に理解されてきました。ところが四天王大学の教授であられて聖徳太子研究家の金治勇先生は、これは会意文字（二つ以上の文字を意味で組み合わせて、新しい一つの漢字をつくる方法）で、「尚黒し」、つまり人間の心がまだ浄化されていない、つまり無明の状態にあるという意味だと解釈され、聖徳太子はこの一字にそういう深い人間理解を込められたんだと言っておられて、深い読みだなと思います。私は「やはり聖徳太子に入れあげて仏教がわかっている人の読みは、ふつうの歴史学者とは違う」と驚いてしまったんです。

つまり「人間は無明《むみょう》の心があるために争い合う」。そう読んでいいのは、次に「達《さと》れる者少なし」となっていることからも確認できます。「達れる者少なし」と書いてあるんですから、文脈で読んでいくと、「黨」と「達れる者」は対《つい》になっていると考えておかしくないわけです。

では「無明」の心とは何かというと、「縁起《えんぎ》の理法」がわかっていないことです。「縁起の理法」とは、仏教で説かれている、すべてのものは縁・つながりの中で起こっているという普遍的な真理つまり「理法」です。

私たちは、例えば親や先祖とのいのちのつながりによって生まれますし、水や空気や大地や太陽や食べ物になってくれるほかのいのちとのつながりによって生きることができます。大きく言えば、大自然・宇宙とのつながりによって生まれ、生きているわけです。

そして、よく考えてみるとすべてのものは大自然・宇宙に包まれたその一部であり、大自然という面から見るとすべてのものはどこまでもつながりつながっていて結局は一体だというほかありません。

つまり、自分や自分たちの集団もほかの人や集団や物と分離・独立した存在ではなく元々つながっており、究極のところ一体なのです。

すべてのものが本来つながっており一体だとすると、人と人の関係もつながって一体のものであるべきです。そのことを自覚し実現した形が「和」になるわけです。

ところが、ふつうの人間・凡夫《ぼんぷ》は自分（たち）はほかの人や物とは関わりなく自分だけでも存在できるかのように思い込み、その自分（たち）こそ世界の中心で、世界で一番大事な存在だという錯覚《さっかく》を抱いています。本当は元々つながって一体であるのに、ばらばらに分離した存在だと思っているのを、世界の理法に明るくない・無明というのです。

哲学の言葉で、ほかと関わりなくそれ自体で存在できるものを「実体」と言いますが、人間は無明のため自己中心的に自分を実体視する傾向があり、自分を実体視すると、当然、自分が一番大事になります。一番大事な自分と、利害や好みやイデオロギーが一致する人は「私たち」になるわけですね。それが違う人は「あいつら」になります。つまり党派心の元になっているのは、「私」「私たち」が一番大事だという無明の心なんです。そこで、私は「黨」という言葉は、意味を取って「無明から生まれる党派心」と現代語訳しています。

たぶん世界の憲法の中でもこういうものはほかにないだろうと思うのは、戦争が起こる原因究明まで一言に込めてあることです。原因究明をした上で、原因からなくしていくことによって平和を実現しよう、ということがここで語られているわけです。「無明の心から生まれる党派心があって、自分と他者や自然との一体性を覚っている者が少ない。これが日本国の現状だ」と。

次に、親と子、あるいはリーダーとフォロワー（追従者）というのは、社会的に必要な形で行なわれている間は、決してそれ自体が抑圧的なものじゃないんです。お父さんが自分の知っていること、身についた能力を使って稼いで、わかっていない子どもたちはそのお父さんについていって、習って教わってやがて大人になっていく。だから、お父さんと子どもの間に上下関係があるのは、別に抑圧関係じゃないんです。

もちろん、社会的に必要で正常な上下関係が歪《ゆが》んだ抑圧関係になる危険はいつもあります。けれども、ある状況の中で、役割として上下関係がないと、社会秩序は成り立たちません。社会がまったく横並びに権利が同じになったら……例えば決定権がまったく同じの人が一〇〇〇人集まった会社なんていうものが運営できると思われます？　それは無理ですよね。だから、相対的な上下関係はあっていいんです。ないと社会は成り立たない。でも、それは抑圧的になってはならないということです。

ところが、「自分が一番大事、自分たちが一番大事だ」と思うと、その自分と上の人とが合わなかったら、事の当否を問わず、逆らいたくなるんです。また周りの人たちともケンカをし始めます。つまり「リーダーに従わない、仲間たちともケンカをするというのは、そもそも無明の心があるからそういうことが起こるのだ」と。

今の私たちの心はこんな状態なのだけれども、それでも、まず上《かみ》が和《やわ》らぐんです。つまりトップリーダーのほうから心を開くということです。トップリーダーが心を開いて、それにサブリーダーも心を開く。だから「上和ぎ、下睦《しもむつ》びて」ということになるんです。ここは戦前的な「承詔《しょうしょうひっきん》必謹」の文脈で読むべきはなくて、この場合の「上」は明らかに、この憲法を発布している聖徳太子や推古天皇のことです。だから、「トップリーダーがまず心を開かなきゃいけない」と憲法に書くんです。そうして、心を開いたトップリーダーに対してサブリーダーたちもちゃんと心を開きなさい、と。

念のために言いますと、これは、「まあまあまあ、難しいことといわないで、仲良くやりましょう。社長は社長なんだから、文句を言わないでついていきましょうよ」ということじゃないんですね（笑）。

「論《あげつら》うに諧《かな》うときは」とあるように、問題を徹底的に、心を開いて議論する。しかも心を開いて議論をする時に、まず心を開くのは誰かといったら、トップリーダーであり、そしてサブリーダーたちも心を開いて、徹底的に議論をする。そうすると、今問題になっている事柄と、それから真理、「事理おのずから通ず」と。

「事柄と真理が通じる」というのは、ここでは具体的に「和をもって貴しとなす」という国家理想の話をしているんですから、抽象論じゃないんです。今、これだけ争いでいっぱいの日本という国ではあるけれども、徹底的に話し合えば、やはりこれこそ国の理想だということが真理として理解できるということです。

そうすると、今一見どんなに困難に見えることであっても、「何事か成らざらん」、必ず実現するんだ、と。それは、宇宙の理法、縁起の理法にかなっていることであり、縁起の理法にかなっているということについて徹底的な話し合いで合意に至れば、どんな困難な事業も完成するというのです。

でも、聖徳太子がこういうことを言ってから一四〇〇年くらい経《た》ってもまだ完成していないんですが、何が足りないかというと、みんな黨《とう》の心があって上が和いで下睦ぶことができていない、そしてちゃんとした論いがなされていないからです。

日本でやっているのは、どうも二種類のような感じがします。「まあまあ、なあなあ」で、それを「和」と称してその場を丸く収めることか、それともディベート・口ゲンカです。英語で言うとディベートはあってもディスカスがない。自分が絶対に正しいことを前提に、次から次へとなるべく相手よりも早く、なるべく相手よりも巧みにどんどん口数多くしゃべって、聞いている人にはその人が勝ったというふうに見える、というのがディベートですが、ディスカスは、「私はかくかくしかじかの理由でこういうふうに思います」「いや、私はかくかくしかじかの理由でそうは思いません。そうではなく、かくかくしかじかの理由で逆にこう思うんです」「なるほどね」というふうに、相手の論拠をちゃんと聞き取り合いながら、どちらの論拠により妥当性があるかを確かめていくのを、言葉で区別するとすればディスカスといいます。

日本では、テレビ番組から始まって学校まで、やらせているのはディベートです。私に言わせれば、ディベートじゃなくてディスカスをやらなければ、民主主義になりません。

少し横道ですが、スウェーデンに行った時、飛行機の中で会った中年の実業家紳士にスウェーデンについていろいろ聞いたら、「日本はどうなっているんだ」と言いだして、「レッツ・ディスカス」と言ったんです。「おお、スウェーデン人というのは、初めて会った外国人と飛行機の中で政治や宗教について『ディスカスしよう』と言うんだな。本当に民主主義の国だな」と思いました。

日本では飛行機の中でなくても、まず政治や宗教の話はしませんね。しても、せいぜい当たり障《さわ》りのない天気の話くらいでしょう。

話を戻すと、「上和《かみやわら》ぎ、下睦《しもむつ》びて、論《あげつら》うに諧《かな》う」と、そうしたら、人間誰でも目を開ければ、心を開けばわかるはずの縁起の理法ですから、今やろうとしている事柄と縁起の理法が一致する。一致すれば、縁起の理法にかなった国、すなわち「和の国・日本」なんですから、それは一見どんなに困難に見えても必ず実現できるはずだ、と。

これは、「東日本大震災」以降、もう「国難」というほかないほどの困難な状況にある私たち日本人にとって、非常に鼓舞《こぶ》してくれる言葉ですね。「何事か成らざらん」と。

でも、ここは、安っぽいポジティブシンキングと聖徳太子の、質がまったく違うところです。「事理おのずから通ず」、で「何事か成らざらん」なんです。なんでもかんでも「信じ込んでポジティブシンキングして、クリエイティブ・ヴィジュアライゼーションか何かやったら、願望はなんでも実現しますよ」みたいな話はしていないんです。

しかもみんなでやるんですから、「上和ぎ、下睦びて」「論う」んです。それができて、縁起の理法において共通理解ができたら、そうしたらどんなに困難なことでも必ずできる。だからまずはこの「論う」「事理おのずから通ず」というところに到達する必要がある。

そして、できればというか、行き着く先は「黨」の心・尚黒しの無明の心が覚りの心に変わる、少なくともリーダーとサブリーダーの心がそれになるべく近づくというふうになれば、このすばらしい国「和の国・日本」は実現可能である。これが、聖徳太子がまず第一条で言っていることだと思います。

聖徳太子がそこまで深い理解を持っていたのかということですが、私は先に『三経義疏《さんぎょうぎしょ》』を読んでいますので、まちがいなくそうだと考えています。代表的には『勝鬘経義疏《しょうまんぎょうぎしょ》』の中に、無明に関しての非常に深い理解が記《しる》されている箇所があるんです。人間の無明というものがいかに心の深くまで染《し》み込んでいるか、にもかかわらずそれは修行によって浄化しうる、それが『勝鬘経』も含め仏教全体が言っていることです。

現状としては確かにみんなの心の中に深い無明があり党派心・エゴイズムがあって争いが絶えないけれども、しかし浄化の可能性は十分ある。それから当面まだ浄化されていなくても、心をオープンにして議論をすることができたら、一歩前進できる、というんです。

といっても、馬子ほかの群臣には、そういう話が通じるレベルになっている人はほとんどいなかったと思いますが、でも聖徳太子のすばらしいのは、「言ってもしょうがない、だから黙る」とあきらめてしまわないところです。

自分は推古天皇に次ぐ日本のいわばトップリーダーですから、たとえ当面は建前にすぎないとしても、こういうものをつくることができる。そして建前というのは怖《こわ》いんです。建前は一回つくっておいて、特に文章化しておくと、それはずーっと残るんです。そうすると、本音はどうであれ「建前はこうなんだ」ということになってしまう。

聖徳太子は、「今すぐ実現しなくても、日本の建前を成文化しておこう」と考えたのではないでしょうか。「そうしておけば、それはずっと残る、残っていれば、心ある日本人は、読み直して、『日本初の憲法の理想は和なのだ。やはり和を追求しなくては』と思ってくれるだろう。そのためには、今わからない連中ばかりだとしても、とにかく書いておこう」ということだったと思います。

これは、学者によっては、「書かれても、実際の宮中で発布されたかどうかはわからない」と言う人がいます。確かに『日本書紀』にも公的な場で発布したとかしないとか書いていません。そうすると、否定的に考える人は、「こんなものは官僚に対する倫理的な訓戒にすぎないから」――「すぎない」って言うんですね。私も昔は思いましたが――「こんなものは、政治的な西洋型の Constitution・憲法なんかではない。だから国民全体に向かって国の規範を述べたものではなくて、官僚・群臣に向かって倫理的にこうあれというお説教をしたにすぎないのだ」と言います。

原理主義的な唯物論の左の人たちは、倫理・道徳を「観念的だ」とか言ってバカにすれば、自分たちが正当であるように思う癖《くせ》があるので、「お説教を垂《た》れただけだ」、だから「道徳的訓戒にすぎない」とか書くんです。

私に言わせれば、人間の戦争の究極の原因まで書いてあって、どうやって心を浄化するかということまで書いてあって、そして「和の国をつくろう」と書いてあるような文章を、なぜ、道徳的な訓戒「にすぎない」と読んでしまうんだろう？　と思います。

「お前たち、蘇我氏だ○○氏だとケンカをするな」などということを書いていると解釈すれば、ただの役に立たないつまらないお説教ということになるかもしれません。しかし、そうではなくて、これは「こういう国をつくりたい」ということなんです。「和」というのは国家理想でしょう。国家理想を掲げている文章は、まさに「憲法」ではないんでしょうか？

第二条　篤《あつ》く三宝《さんぼう》を敬《うやま》え

憲法と言ってまちがいないことは次にも出てきます。

二《に》に曰《いわ》く、篤《あつ》く三宝《さんぼう》を敬《うやま》え。三宝《さんぼう》とは、仏《ぶつ》と法《ほう》と僧《そう》となり。すなわち四生《ししょう》の終帰《よりどころ》、万国《ばんこく》の極宗《おおむね》なり。いずれの世《よ》、いずれの人《ひと》か、この法《ほう》を貴《とおと》ばざらん。人《ひと》、はなはだ悪《あ》しきものなし。よく教《おし》うるをもて従《したが》う。それ三宝《さんぼう》に帰《よ》りまつらずば、何《なに》をもってか枉《まが》れるを直《ただ》さん。

〔第二条　まごころから三宝を敬え。三宝とは、仏と、その真理の教えと、それに従う人々＝僧である。それは四種類すべての生き物の最後のよりどころであり、あらゆる国の究極の規範である。どんな時代、どんな人が、この真理を貴ばずにいられるだろう。人間には極悪《ごくあく》の者はいない。よく教えれば（真理に）従うものである。もし三宝をよりどころにするのでなければ、ほかに何によって曲がった心や行ないを正すことができようか〕

第二条に、仏教の大事な三つのこと、仏と、仏の教え・真理と、それを人々に教え伝えるための集団・僧、三宝を敬えというのは、これはいわば「仏教の国教化宣言」です。国の理念としての国教を決定する文章は、「ただの道徳的訓戒」ではありえません。

次に、ここを読み落すんですが、「四生《ししょう》の終帰《よりどころ》」と書いてあります。「四生」とは、古代の仏教的な生命の四分類です。「胎生《たいしょう》」といって、胎から生まれる、お母さんの子宮から生まれるもの。卵から生まれるのを「卵生《らんしょう》」といいます。湿った所から生まれるのは「湿生《しっしょう》」です。それから、当時の人には理由がわからない、何か湧《わ》いて出てきたように、化けて出てきたように生まれるように思える生き物を「化生《けしょう》」といいます。これが生命の四種類で、これで生命がすべて包括《ほうかつ》されるんです。ですから「すべての生き物」という意味です。

つまり、憲法も、それからこの三宝も、すべての生き物にあてはまる話をしているのだということです。人間だけの話をしているのではない。つまり、ここでは、はっきり自然と人間の調和が視野に入っているということです。

それから次に「万国」となっているように、世界中の国が視野に入っています。これは、三宝は全世界に当てはまる普遍的真理であり、それによって心を浄化して和の国をつくるということは全世界の理想なのだ、という意味です。

仏教がベースになっているから当然といえば当然なんですが、この時代に「万国」つまり全世界という視野を持っていた人がいたというのはすごいことですね。豪族、指導者であっても、ふつう日本と百済《くだら》と新羅《しらぎ》と高句麗《こうくり》と隋《ずい》・唐《とう》というぐらいしか視野に入らないんですが、聖徳太子はそれにとどまらず、「万国」を視野に入れていて、仏法僧・仏教は万国・万物の究極の規範だ、と。

つまり聖徳太子は、ここまで言えるくらい仏教の普遍性を理解しておられたということです。そういう意味でいうと、仏教をやみくもに信じて絶対化していたのではなく、なぜすべての人、すべての生き物に当てはまるのかをよく理解しておられたのだと思われます。

それは、『三経義疏《さんぎょうぎしょ》』の中身を読むとわかります。私は読んでみて、「この著者は、仏教が本当によくわかっている。それどころか、まちがいなく覚《さと》っている」と思いました。

ポイントだけわかりやすく言うと、「縁起《えんぎ》の理法は人間だけに当てはまるのではなく、すべての生き物、すべての国、そしてすべての時代に当てはまる」ということです。それはそうですね、考えてみれば。すべてはつながりによって起こっているということは、まさに時と場所を越えて普遍的に当てはまる。「いずれの世、いずれの人か、この法を貴ばざらん」。だからどんな時代にもどんな人にも当てはまるし、それがわかったら深く尊重せざるをえないわけです。

こういう言葉は、本質がわかっていなくて言ったら、自分の特定イデオロギー・特定信仰を人に押しつける態度です。しかし、太子がわかっているかどうかは、『三経義疏』の中身で検証できます。それからまた、その全体からも検証できる、と私は考えています。

次のところは「人、甚だ悪しきものなし」と読んでありますが、従来の読み下しは、「人、甚だ悪しきものすくなし」です。歴史学者は元の「鮮」という字を「少なし」と読んでいるんですが、私は「無し」と読んでいます。

なぜ、あえてそういう従来にない読み方をするかということですが、まず「鮮」という字には「なし」という読みもあることです。

それから、聖徳太子は『法華義疏《ほっけぎしょ》』を書いていて、『法華経《ほけきょう》』の思想を深く理解しておられます。また、隋への留学僧はみんな『涅槃経《ねはんぎょう》』と真諦《しんだい》訳の『摂大乗論《しょうだいじょうろん》』を学んだこともわかっていて、当然そういう当時、最新の仏教学の文献を持って帰ります。持って帰ったら、聖徳太子ほど勉強熱心な方が「うん、そうか」と聞き置くなどという態度をされるわけはない。ご自分も読まれたでしょう。『上宮聖徳法王帝説《じょうぐうしょうとくほうおうていせつ》』という『日本書紀』と別の聖徳太子の史料があって、そこにも『涅槃経』を読んでいたと書いてあります。

太子が『涅槃経』を読んでおられたとすると、その中にある有名な「一切衆生悉有仏性《いっさいしゅじょうしつうぶっしょう》」という言葉、つまり「一切の生きとし生けるものにはすべて仏性がある」という考え方を学んでいたはずですし、『法華経』にもそういう考え方があります。

聖徳太子は『法華経』や『涅槃経』を読んでおられ、覚りを開いておられた方ですから、「すくない」などという中途半端なことは言われないで、「人間には根本的に悪いのは一人もいない」と言われるのではないか、ここは、「少なし」ではなくて「無し」と読まないと、深読みできない。これは、ほかの方から教わったのではなくて、私の深読みですが、そう読むべきだと思います。

人間は根本的に「一切衆生悉有仏性」で、根源的に悪い者は一人もいないのだから、「よく教うるをもて従う」のです。

ところで、ここは、何を教えたら何に従うということなのでしょうか。かつては「ちゃんと教育をし教育勅語を教えたら、天皇陛下に従うようになる」、「人、甚だ悪しきものすくなし」とは「非国民は少ないんだ」というふうに読んでいました。今からすれば、読めば読めるもんだなと驚きますが（笑）。

しかし、そう読んだらその前の三宝《さんぽう》と天皇の関係はどうなるのか説明できなくなってしまうんです。でも、そこだけ読むとそういうふうに読める。曲げて読む時には、全部を読まないでどこかを自分の都合のいいように読むものなんですが、私は漏《も》らさず読んでいるつもりです、しかも順を追って、流れに沿って。

聖徳太子の仏教に対する判断は、「それ三宝に帰《よ》りまつらずば、何をもってか枉《まが》れるを直《ただ》さん」ということで、「枉れる」とは、無明《むみょう》の心で曲がっているということでしょう。ひねくれているとか、あるいは犯罪者になっているとか、まして非国民ということではない。

もちろんひねくれたり犯罪者になったりするのは、明らかに縁起の理法を知らないからです。縁起の理法を知って犯罪を犯すことは不可能です。縁起の理法が身に染《し》みているのにすねたり突っ張ったりはできません。

しかし、それよりももっと根本にあるものは、「縁起の理法を知らず心が無明によって曲がってしまっている。それが人間というものなのだけれども、しかしにもかかわらず根本的に悪しきものは一人もいない」ということで、「だから、縁起の理法・仏教をちゃんと教えれば」、何に従うかというと「縁起の理法に従えるようになる」ということです。

そういうふうに文脈はなっていませんか。「篤く三宝を敬え」のあとに「よく教うるをもて従う」ですから、「三宝を教えたら三宝に従うようになる」ということですよね。

聖徳太子は、人間の心の浄化法としては、神道よりも儒教よりも仏教が有効性が高いと判断されたのだと思います。確かに『十七条憲法』の語句だけ見ていくと、仏教用語より儒教用語のほうが圧倒的に多いんです。そこで、「仏教はわずかに二条などに出ているだけだ。基本的には儒教精神でできている」と読んでしまう人が多いようです。しかし、全体・構造を読んでほしいですね。しかも、聖徳太子がどういう人だったかというところから読んだほうがいい。そうすると明らかに、倫理的な、具体的なことについての教えは儒教の有効性が高いと思ったからたくさん使っているわけですが、「根本的なことは仏教でいくべきだ」と考えておられたと読めてきます。

では、根本的なところは仏教でいくとしたら神道はいらなくなるのかというと、『日本書紀』の記事にも、『十七条憲法』の直後に馬子と推古天皇と聖徳太子が話し合って、非常に丁寧に神道の儀式を行なったという記事が出てくる。つまり、神道はちゃんと継承しているわけです。

それから、従来『十七条憲法』の解釈をした方たちは、どうしても漢文、儒教のほうからばかり考えるものですから、「古の良き典《のり》」（「古良典」）という言葉が二回出てくるんですが、「これは当然、中国の古典のことだ」と読んでしまうんです。しかしこれは、「昔の良い規範」という意味です。

その言葉の意味を文脈に沿ってちゃんと読んでいくと、実は稲作共同体としての日本の神道的な慣習法だとも読めます。共同体は、文章で書かれた法ができる前に慣習法でやっているもので、成文化されていないけれどもみんなの中で習慣・慣習として「やはり守らなくては」という合意が成り立っていた。その稲作共同体の慣習法を指していると文脈上読めるんです。

そう読むと、明らかに『十七条憲法』の中に神仏儒習合《しんぶつじゅしゅうごう》、つまり「在来の神道はやめず、いいところはちゃんと残す。しかし、中心になるのはやはり仏教である。儒教の使えるところは使う、あるいは頻度《ひんど》でいえば儒教をたくさん使う。それらを総合的に使っていく」という考え方がはっきりあることがわかります。

日本では今まで仏教史、宗教史、歴史のテクニカルターム（専門用語）として「神仏習合」は使われてきて、みなさんよく知っていると思います。しかし日本の伝統を通しで見ていくと、聖徳太子からずっと「神仏儒習合」になっていると読まないといけない。特に平安期、空海《くうかい》が『十住心論《じゅうじゅうしんろん》』という本の中で、まさにこの神仏儒習合の思想体系を完成しているといっていいと思います。「本当?」と思う方は『空海の『十住心論』を読む』（大法輪閣、二〇〇五年）という本も書いていますから、良かったらお読みください。

ここで「神仏儒習合」という政策、いわば思想・宗教政策でいくんですが、心の浄化のため、「尚黒し」という無明の心を浄化するためには、仏教が一番有効性が高い。これ以外では「何をもってか枉れるを直さん」と。根源的な曲りをただすのは仏教による、と考えられた。

そうすると、それは仏教原理主義ではありえない。悪くいうと国民性を養う手段として仏教を利用したわけです。

「聖徳太子はいいとこ取りをしている。いろんなもののいいところをうまくつまみ食いする。それは日本人の特性でいいとこ取りはいいことだ」といったことを言われる方もいるようですが、それは違うのではないかと思います。これは、いいとこ取りじゃない。総合的に採用しているんです。それは、目標としては、和の国・日本をつくることであり、そのためには、まずはとにかくサブリーダーたちから始めて、みんなが心を浄化しないと和の国ができない。心の曲りを正さないとできない。そのためにはまず神仏儒すべて、特に仏教を使って心の浄化をしていく。やがて出てくるように、「菩薩《ぼさつ》」という言葉は直接使っていないんですが、リーダーたちが菩薩的存在になって、菩薩的存在がリードする国になったら和の国ができる。そういうことを述べていく。そのためにわざわざ第二条で、和の国をつくるための必須の条件としての心の浄化の方法は仏教でなくてはならないと書くわけです。

ここまで読んでいくと、国家建設のための非常に重要な事項が順序を追って語られているとは読めないでしょうか。もっとも大事なことの準備に前の二つを言ったと読めるんでしょうか？（笑）

戦前の解釈と私が正しいと考える解釈の違いは、特に次の第三条のところではっきりします。続いてお話ししていきたいと思います。

第三条　リーダーと権力の存在理由

三《さん》に曰《いわ》く、詔《みことのり》を承《うけたまわ》りてはかならず謹《つつし》め。君《きみ》をば天《てん》とす。臣《しん》をば地《ち》とす。天《てん》は覆《おお》い、地《ち》は載《の》す。四時《しいじ》順《したが》い行《おこ》ないて、万気《ばんき》通《かよ》うことを得《う》。地《ち》、天《てん》を覆《おお》わんとするときは、壊《こわ》るることを致《いた》さん。ここをもって、君言《きみのたま》うときは臣承《しんうけたまわ》る。上行《かみおこ》なうときは下靡《しもなび》く。故《ゆえ》に詔《みことのり》を承《うけたまわ》りてはかならず慎《つつし》め。謹《つつし》まずば、おのずから敗《やぶ》れん。

〔第三条　詔を受けたならば、かならず謹んで受けよ。君主は天のようであり、官僚は地のようである。天は（民）を覆い、地は（民）を載せるものである。四季が順調に移り行くことによって、万物の生気が通じることができる。地が天を覆うようなことをする時は、破壊に至るのである。こういうわけで、君主が命じたなら官僚は承る。上が行なう時には下はそれに従うのである。それゆえ、詔を受けたならばかならず謹んで受けよ。謹んで受けなければ、おのずから事は失敗するだろう」

これは、第一でも第二でもなく第三条です。確かに「詔を承りてはかならず謹め」「故に詔を承りてはかならず慎め」と、二度も言っていますが、ここが一番言いたかったことなんでしょうか？

その次を読んでみると、どうもそうではないと読めてきます。「君をば天とす。臣をば地とす」、ここの「君」というのは明らかに天皇で、「臣」というのは当然、群臣・豪族たちです。それは、譬《たと》えれば「天であり地なのだ」というんです。

次のその天や地がどういう役割を持っているかを書いてあるところが大事です。「天は覆い、地は載す」、つまり天は庇護《ひご》し覆うんです。何をかというと、「万気通うことを得」で、「万気」とは、すべての生きとし生けるものの活気・生気ですから、つまりすべての生き物が生き生きと生きられるようにする。そのために庇護するのが天の役割だということです。

すなわち、「君」は、いわゆる支配者とか権力者ではなく、庇護者なんです。トップリーダーは、民の庇護者でなければならない。民だけではなく、すべての生き物の庇護者でなければならない。これは、まさに「エコロジカル・リーダー」です。

そして、「地は載す」、つまりサポートするんです。何をかというと、すべての生きとし生けるものを。それから、すべての生きとし生けるものを覆う天の役割を支援する。

それがこの世界におけるトップリーダーとサブリーダーの役割だ、ということです。

これは、リーダー論のもっとも本質的なところを語っていると思います。リーダーはなんのために存在するのかというと、まさにグループのメンバーみなが幸せになる、そのための役割としてリーダーはある。それは、もう人類共同体の原初からの役割です。なぜ人間が群れるか、群れたほうが生き延びるために有利だからです。では、そこになぜリーダーが必要か？　一番優《すぐ》れた能力を持ったリーダーが、群れ全体が生き延びられるようにうまくリードする必要があるからです。

ちょっと先取りして言うと、うらやましいのは、スウェーデン近代のリーダーたちは、理想化するつもりはありませんが、相当な程度、そういう真の意味でのリーダーであり、福祉国家をつくり上げて引退したあとのエランデルはまさにエコロジカル・リーダーだったということです。

リーダーは、自らのため、自らの権力のためにみなを従えるのではなくて、みんなの幸せを代表して、みんなが幸せになれるように賢く振る舞って導くというところに存在理由があります。そのためには指導権としての権力も必要なのです。

ところが、サブリーダーたちがトップリーダーの座を権益とか権限が得られるという意味での権力の座だと誤解すると、ひっくり返して自分が上になって奪いたくなります。「地、天を覆わんとする」ということですね。そうすると何が壊れるんでしょう？　共同体が壊れるんです。国がダメになっちゃうんです。サブリーダーとトップリーダーの間に権力争いが起こってしまうと、国が乱れる。当たり前のことですね。

そして、残念ながらこういうことは現代の日本でも起こっているようです。日本の政治家たちの多くが——もちろん全員ではありません——権力の本質を権益・権限・特権が得られる立場だと誤解しているように見えます。言葉では「国民のため」とか言っていますが、行動と合わせて考えると、本気でそう思っているとは思えません。本質を取り違えているようですが、そもそもリーダーであるということは、トップだったら「天は覆い」、サブだったら「地は載す」ということなんです。

しかも『十七条憲法』にはエコロジカルな視野が入っていると言ってまちがいないのは、「四《し》時《じ》順《したが》い行《おこ》ないて」という個所で、これは四季 four seasons が順調に巡《めぐ》るという意味です。つまり現代的に言い換えれば、異常気象が起こらないということです。

社会のトップリーダーとサブリーダーがちゃんとやるべきことをやっていたら、異常気象が起こらないで四つの季節が順調に巡り、そうしたらすべての生き物は生き生きと生きることができる。そのためにリーダーは存在しているのだ、と。

そして、「そういうリーダーの命令なのだから、従うべきだ」と言っているんです。ここは微妙なところですが、第一条、第二条があってそのあとに、「こういう詔《みことのり》を素直に受け止めなさい」と言われています。戦前の文献では、「あらゆる詔に絶対服従せよ」と読まれていますが、

「条文の順序どおりに読んでください」と私は言いたい。

順序どおりに読めば、和の国・日本を建設しようという詔があり、そのためには心の浄化をする必要があるという詔があり、「それに関して素直に受け止めなさい」という意味になるのではないでしょうか。

なぜ素直に受け止めなければならないかというと、リーダーというものが本来そうだからなのだ、とちゃんと説明責任を果たしています。「なぜ私がこういう詔を発することができるか、それは天と地、君と臣というものが、こういう本質的な役割を分担するという本質論からして、こういう詔を発することができるのだ。そこを理解しないで権力争いをやってしまうと、国がダメになる」と。

そして、詔への服従は条件付き——条件付の must ——だとちゃんと書いてあります。「ここをもって、君言うときは臣承る」、つまり「こういう理由だから言うことを聞きなさい」であって「無条件に聞きなさい」・絶対服従ではないんです。理由があるから、しかもその理由が普遍的だから、そしてあなたが臣であるということは、本質的にそういう役割を担っているということなのだから、だから服従しなければならない、と。

しかし「上《かみ》」・トップは、まず自分がそれをちゃんとやらなければならない。そうしたら「下《しも》」は「靡《なび》く」、それに見習う。だから、「私はこうしています」と。

聖徳太子は、折に触れてお堂に籠《こ》もって坐禅をしたようです。今の法隆寺の夢殿《ゆめどの》は焼けたあとの再建らしいので、あそこではありませんが、でもあんな感じのお堂の中に暇さえあれば籠もって瞑想《めいそう》をしていたようです。それから『三経義疏《さんぎょうぎしょ》』を書くくらい仏教の勉強もして、非常に修行もしていたわけです。修行して自ら心の浄化をやりながら、自分が和の国を実現するために仏教を実践し心の浄化をするという手本を見せて、それで「あなたたちも私についてきてくれ」と言っているわけです。

だから、自分は勝手なことをしておいて、権力で「オレの言うことを聞いて、おまえたちはやれ（オレはやらないが）」というのとはまるで違うんです。

だから第一条も、まず「上和《かみやわら》ぎ、下睦《しもむつ》び」、そして第三条「上行《かみおこ》ない下靡《しもなび》く」でしたね。義疏の中でも、人に教えようと思ったらまず自分が実行しなければならないということを何度も書いておられます。

重要なので繰り返すと、「故に詔を承りてはかならず慎め」、「故に」「ここをもって」とあるとおり条件付きなんです。

さらに誤解のないように付け加えると、「もし君たちがこれに素直に従ってくれなかったら」、「おのずから敗れん」、「どうしたってかならず事は失敗する」とありますが、どういうことが失敗するんでしょう？　和の国・日本の建設という大プロジェクトが失敗するんです。「言うこと聞かなかったら、おまえ、敗北するぞ」とか、「天皇陛下に従わなかったら、おまえは絶対に非国民だ。特高警察に捕まるぞ」という話をしているのではありません。

和の国・日本の建設という大プロジェクトは、トップリーダーがこれだけの理由を持ってちゃんと説明して「私についてきてほしい」と言っているにもかかわらず、サブリーダーがそれを受け止めなかったら、それはどうしても失敗するでしょう。

聖徳太子時代には、群臣＝豪族がたくさんいて、その中に若干、太子に忠実についていった人もいたようですが、残念ながら大多数はそうではなかったので、あの時点ではできなかったわけです。

しかしその後、聖徳太子が自らの想いを伝えて遣隋使に派遣した学僧や学者たちの中から、この理想を国家としてかたちにするために中国の律令制《りつりょうせい》を学んで持って帰ってくる人が出ます。その学者のところに、のちの天智天皇《てんち》・中大兄皇子《なかのおおえのみこ》、藤原鎌足《ふじわらのかまたり》、それから蘇我入鹿《そがのいるか》も一緒に勉強に行ったと伝えられています。ですから彼ら三人は学友なんですが、やがて倒される側と倒す側に分かれてしまいます。

盆地としては小さな盆地である飛鳥の上のほうに、飛鳥川の上流で冬野川《ふゆのがわ》という川が流れていますが、その上流に今でも稲渕村《いなぶちむら》という村があります。そこに中国に遣隋使――帰って来る頃は中国の政権が代わっていて遣唐使になっていましたが――から帰って来た南淵請安《みなみぶちしょうあん》という学者が暮らしていた。その学塾に彼らは通って律令国家について勉強をしていたそうです。それがやがて「大化の改新」という形で、奈良時代の律令国家の成立につながります。

前にも申し上げましたが、もう一言言うと、私たちはマルクス主義的な歴史学で戦後教育を受けてしまったため、律令制度によって、一人ひとりの戸籍《こせき》が全部把握《はあく》され、「租庸調《そようちょう》」という重税が課されて、そういう意味でいうと「支配者による人民の搾取《さくしゅ》のシステムが完成した」なんて思っていました。昔私たちが読まされた日本史にはそう書いてあったように記憶しています。

「そうか、国中を全部隅々まで搾取できるようなシステムができたんだ。ひどい話だなあ」と読んでいたんです。

ところが、律令制度の根幹ともいうべき「班田収授制《はんでんしゅうじゅせい》」は、よく読んでみるとちょっと話が違う面があります。それによると、日本国民として生まれたら、誰でもかなりの広さの田んぼをもらえる。女性ももらえるんです。これは、中国の律令制にはないんだそうです。中国では女性はもらえない。ところが日本では、女性ももらえる。体力差で三分の二だったかな、でももらえるんです。

田んぼがもらえるということは、基本的には働きさえすれば食べていけるということですから、「これは古代的な福祉国家ではないか」と言っている人もいます。働いて税金を納《おさ》めればちゃんと食える。田んぼをもらうのはただです。生まれてきさえすれば田んぼをもらえてしまうんですよ。すごいことでしょう？

そして、働かないでも食える福祉国家なんてありません。「もらうだけで税金は払いません」ということが成り立つ福祉国家はないんです。それどころかスウェーデンは、パーセンテージだけ見ると、「高福祉・高負担」だと言われるくらいすごく税金が高い。でもそれは、福祉として国民に戻ってくるからおかしくないんです。「財源のことは知りません。でも福祉は充実させてください」という虫のいい話はありえませんね。

実は奈良時代の政治家たち、聖武《しょうむ》天皇や孝謙《こうけん》天皇などは、国中で飢饉《ききん》があったりすると、物資を送ったり医師を送ったり、意外にいろいろなことをしているんです。当時としては可能な限りの災害援助をちゃんとやっています。ところが左翼系の教科書にはそんなことはどこにも書いていない。「ひたすらひどいことをしていました」みたいな印象で書いてありました。しかし、調べてみると、できるだけのことはやっているし、律令国家は最低限とにかく働けば食えるという制度なんです。

もちろん、完全にいつもうまく機能したわけではなく、場合によって、左翼系歴史書に頻繁《ひんぱん》に引用された山上憶良《やまのうえのおくら》の「貧窮問答歌《ひんきゅうもんどうか》」のような状況があったことも確かだと思いますから、そういうことを無視して美化するつもりはありません。

それにしても、古代農業共同体・稲作共同体、さらにその制度化されたものとして、誰でも田んぼをもらえて誰でも稲作をちゃんとやれば食べていける国になったという意味で、聖徳太子の理想が一定程度実現したという解釈も可能です。

こういう国づくりのヒントは、まさに聖徳太子に派遣されて遣隋使に行って帰って来た人たちが次世代のリーダーに伝えた律令制なんです。古代史はそういう流れになっている、と私には読めます。

こういうふうに順を追って第一条から第三条までを読んでいくと、和の国という国家理想を掲《かか》げ、その実現のためには心の浄化が必要だから、浄化の手段として仏教を使う。そして心の浄化をしながら、すべての生きとし生けるものを庇護《ひご》し支えるために、君《きみ》と臣《しん》が協力し合って「これからいい国をつくろう。だからこの命令には従ってほしい」というふうに読めます。「この詔《みことのり》」であって、詔一般ではない。しかもちゃんとした理由があるんです。条件付服従であって、絶対服従ではない。

第四条　リーダーが模範《もはん》を示す

四《よん》に曰《いわ》く、群卿百寮《ぐんけいひゃくりょう》、礼《れい》をもって本《もと》とせよ。それ民《たみ》を治《おさ》むる本《もと》は、かならず礼《れい》にあり。上《かみ》、礼《れい》なきときは、下《しも》、斉《ととのお》らず。下《しも》、礼《れい》なきときは、かならず罪《つみ》あり。ここをもって、群臣礼《ぐんしんれい》あるときは、位次《いじ》乱《みだ》れず。百姓礼《ひゃくせいれい》あるときは、国家《こっか》おのずから治《おさ》まる。

〔第四条　もろもろの官吏は、礼を根本とせよ。そもそも民を治める根本は礼にあるからである。上に礼がなければ、下も秩序が調《ととの》わない。下に礼がなければ、かならず犯罪が起きる。こういうわけで、もろもろの官吏に礼がある時は、社会秩序は乱れない。もろもろの民に礼がある時は、国家はおのずから治まるのである〕

先に最後の言葉を見ておきたいんですが、「国家おのずから治まる」とあります。和の国・日本は、自然に平和になっていくような、いわば自治国家で、権力で強制しなくても、あるいは法で統制しなくても、みんなの心さえ調えば自然に平和になっていく、自ずから治まるような国家にしたいということです。

しかし、現実にはそうはいかないので、次には法治国家的なことも述べています。第五条、第六条が、まさに法治国家の話です。

しかしまず、基本は「礼」だというんです。「礼」とは、他者に対する礼節を持った行動、すなわちつながりの心・縁起の心を持って他者に肯定的に接するということですね。それが、まずサブリーダーたちの基本だ、と。それから、民を治める元は必ず礼にある。自分は民たちのために生きている、その民たちのために生きる上で必要なことは守っている、そういう意味で倫理的にちゃんとやっている、そういう模範を示す。その模範を見ると下々も、「ああ、人間ってああいうふうに生きなきゃいけないんだ」と思うということです。

上の人が模範を示したら、「ああ、人間ってああいうふうに生きるものなんだなあ」と思いますよね。例えば親がそうやって見せたら、子どもは「ああ、人間ってああやって生きるんだな」と思うんです。

極端な例を言うと、オオカミに育てられた少年は、四つ足で歩くオオカミの親を見ていて、自分も四つ足で歩くんだと思って、四つ足で歩くようになってしまう。親が二本足で歩いていると、人間は二本足で歩くんだと思って、最初のうちは四つ足でハイハイしていても、なんとか立とうと思って立つようになり、よちよちと二足歩行を始めるんですが、親が四足歩行をしていたら、それを見習ってちゃんと四足歩行をやるようになるんですね。

それと同じように、礼ある——倫理、礼儀、エチケットのある——模範を上が実行すれば、下は必ず見習う。

ところが実行しないと、「上《かみ》、礼《れい》なきときは、下《しも》、斉《ととの》らず」、「斉る」は一斉の斉で、真似《まね》をするということで、「上に礼がなければ下は礼の真似ができない」という意味です。模範つまり模《も》倣《ほう》する規範《きはん》がないから、下にもエチケットやルールや倫理がなくなる。そうすると必ずさらに犯罪が起こる。

これは、日本の現状にもみごとに当てはまるという感じですね。上の人たちが悪いことをしているのを見ていると、小中学生も「なんで悪いことはしちゃいけないの？　力があればやれちゃうんでしょ。あの人たち、バレたからああなったけど、バレなきゃ平気なんだよね。だからオレたちはバレないように万引きするんだ」みたいな話になってしまうわけです。「だって得だもん」「面白いもん」と。

「治める」というのは治療の治です。これも、マルクス主義的な権力者絶対悪論からいうと、「治める」と言ったとたんに、言うことを聞かせて搾取をして、それでも文句を言わせないのを「治める」ことだというふうに思うんですが、そうではなくて、本当の「治」とは、治療の治と同じで、「平和で安らかに暮らしていけるようにする」ということです。それが「治」「治める」ということなんです。

だから、まさに政治家の本来やることとは、そういう意味で治めることで、そのためにはまず模範を示す。エチケットやモラルをしっかりと守って見せる。やって見せないことには、下々も悪い模範を見て結局、犯罪に至るわけです。

だから、サブリーダーたちに礼があれば、社会の秩序は乱れない。なければ乱れる。トップリーダー、サブリーダーがやって見せて、「ああ、人間ってああいうふうに生きるものだな」という模範を見せたら、「百姓《ひゃくせい》」（すべてのもろもろの民）がちゃんと正しく生きるようになる、と。

そうするといちいち処罰したり脅《おど》したりしなくても、「国家自ずから治まる」と。だから「国家自ずから治まる」にしたい。

しかし現状はそうではないから、裁判も必要だし法も必要だし、やる時にはきちっと信賞必《しんしょうひつ》罰《ばつ》をやらなきゃいけない、ということが続いて書いてあります。

ここまでだけ見ると、聖徳太子はものすごい理想家みたいに見えます。けれども、五条以下を見ると決して単なる理想家ではありません。現実を知っている。

でもまずはとにかく理想を示して、その理想を目指すんですが、現状はそうでないとしたら、どういう方法で、どういう手順でそこに近付いていくか、必要なことを十七条の残りの十三条でみごとに述べてあります。「過不足なく」という言葉がありますが、かなり過不足なくという感じで、読めば読むほど「よくここまでぜんぶ言うべきことを言ってあるな」という感じがします。

私は、日本のリーダーたちが、この十七条をちゃんと読んでわかって、わかって終わりにしないで、「そうか、リーダーたるものは、坐禅をやって、仏教を勉強して、心を浄化して、菩薩になって、そして本当に生きとし生けるものが幸せになるために働くんだ。それが私たちリーダーの仕事なんだ」と思うようになったら、日本はいい国になると思います。

そのためには、リーダーは、特に民主主義国家では国民が選ぶんですから、国民の資質が低いとリーダーの資質が低い。リーダーの資質が低いとまた国民の資質も低いという悪循環に陥《おちい》ります。今、日本はかなりそうなっています。たまたますばらしいリーダーがいて、トップリーダーになってくれるといいんですが、そこが選挙による議会制民主主義のまどろっこしいところで、投票で多数を獲得した政党の代表がなるんですから、国民水準が低いと、党首の水準も――これは私の判断です、みなさんの判断もおありでしょう――低い。私に言わせれば、何よりもパーソナリティの水準が低かった。それから次に、要するに政治・経済をどこに向けていくかという知恵の水準も低かった。とても残念ですね。

でもどこに向けていくかについては、幸いにして、経済・財政もうまくやれる、福祉もみごとにやれる、環境もやれるという知恵のモデルがスウェーデンにあるので、それに倣《なら》えばいい。ただ、それを実行できるリーダーが今は見当たりません。

あるいは国民の側に「こういう国にしてほしいんだ」とリーダーに要求できるような国民の水準がない、残念ながら。

でも、そういう国民になれる、そういうリーダーが育ってくる素地《そじ》はあるんです。原点はある。幸いにして、私たちはこれを再発見しつつあるので、この再発見が一日も早く、広く、質を落とさないで広がったら、日本はまだ間に合うと思っていて、いろいろなところでリーダー的な人に会うたびに、「聖徳太子、『十七条憲法』」と、もう右寄りの人にも左寄りの人にも言います。『聖徳太子『十七条憲法』を読む』（大法輪閣、二〇〇三年）も、いろいろな方に差し上げています。蒔《ま》いた種《たね》のうちの何粒かでも芽《め》を出せばと思って一所懸命蒔いて回っています。

そして、今回の「東日本大震災」を契機《けいき》に、みなさんにもぜひ共有していただきたいというのが、この講座の目的です。

第三講

国家の目指す方向――自治―徳治―法治

前回まででお話した原理は、聖徳太子時代の群臣豪族たちの状況からすると、まったく現実離れの理想のように見えますが、前にもお話ししたとおり、聖徳太子は、非常に理想家であると同時に、もう一方で現実家であって、非常に現実家であると同時に、決して理想を忘れない、捨てないという、そういう人であることが、次の第五条以下を見ていくとわかってくると思います。

第四条では、「国家おのずから治まる」ことが望ましいと述べられていました。おのずから治まるということは現代ふうにいうとまさに「自治」です。自治をする時の原点は、「百姓《ひゃくせい》礼あるときは、国家おのずから治まる」で、人民に礼があり、法律はもちろん、倫理も、モラル、エチケットも、ちゃんと守るようになると、治めなくても治まってしまう。そういう国になることが望ましいんだ、と。

ここで目指すところがちゃんと示されていますが、ただちにそうならないという現実は、ちゃんと踏まえておられて、第五条ではいわば「公正な裁きによる統治」が語られています。目指すところは自治国家だけれども、そこに至るためには、徳がある人間が治める徳治国家、徳治国家でも現状ではうまくいかないだろうから、とすると法治国家ということになる。法治国家を法治国家として確立しよう、というのが第五条です。

第五条　公正な裁きによる統治

五《ご》に曰《いわ》く、あじわいのむさぼり（饕《てつ》）を絶ち、たからのほしみ（欲《よく》）を棄《す》てて、明《あき》らかに訴訟《うったえ》を弁《さだ》めよ。それ百姓《ひゃくせい》の訟《うったえ》は、一日《いちにち》に千事《せんじ》あり。一日《いちにち》すらなお爾《しか》るを、況《いわ》んや歳《とし》を累《かさ》ねてをや。この頃《ごろ》、訟《うったえ》を治《おさ》むる者《もの》、利《り》を得《え》るを常《つね》となし、賄《まいない》を見《み》てはことわりをもうすを聴《き》く。すなわち、財《ざい》ある者《もの》の訟《うったえ》は、石《いし》をもって水《みず》に投《な》ぐるがごとく、乏《とぼ》しき者《もの》の訟《うったえ》は、水《みず》をもって石《いし》に投《な》ぐるに似《に》たり。ここをもって、貧《まず》しき民《たみ》は所由《せんすべ》を知《し》らず。臣道《しんどう》またここに闕《か》く。

〔第五条（役人たるものは）飲み食いの貪《むさぼ》りを絶ち、金銭的な欲望を捨てて、民の訴訟を明白に裁くように。民の訴えは一日に千件にも及ぶほどである。一日でさえそうであるのに、まして歳を重ねていくとますますである。この頃は、訴えを取り扱う者が私的利益を得るのが通常となってしまい、賄賂《わいろ》を取ってから言い分を聞いている。そのため、財産のある者の訴えは、石を水に投げ入れるよう（に通るの）である。貧しい者の訴えは、水を石に投げかけるよう（に聴き入れられないの）である。こういうわけで、貧しい者は、どうしていいかわからなくなる。こうしたことでは、また君《きみ》に仕える官吏としての道が欠けるのである〕

サブリーダー、官僚たるものは、飲み食いのむさぼりを絶たなければならない、つまり公費の宴会《えんかい》でうまいものを食いたいという心では、官僚・国家のサブリーダーの役割を果たせない。

「たからのほしみ」とは財産欲です。うまいものを食いたい金を儲《もう》けたいというので権力者になるのでは話にならない。本来のリーダーには、集団・共同体をメンバー全員にとって良いものになるように調整するという生物学的で本質的な役割があるんです。

例えば、サルのリーダーを見ていると、ちゃんとその役割を果たしています。果たしている分、若干権限があり、権限を持っている分、ちゃんと群れをまとめている。群れがちゃんとうまく平和にやっていけるように、目下のサルたちがケンカしていると、ボスが仲裁に入ります。それから外敵にあったら、ボスが身を張って守ります。おサルさんの群れを見たほうが人間を見るよりも、ボスの本来の意味がわかるんです。

もしある共同体のメンバー同士がひたすら物理的な力によって抗争して勝負が決まるというやり方だけでやると、非常に不安定な暴力のバランスによる平和が一時的に保たれることはあっても、永続的な秩序は存在しえない。ですから、群れ全体の安全安定を求めるには秩序・公正が必要であり、それを調整するための力が必要ですから、権力を与えられた指導者が必要になります。人間社会というか高等哺乳類《ほにゅうるい》におけるリーダーとその権力は、もとは共同体の必要によって生み出されたものだと考えてまちがいないと思います。

ですから、グループに属しているメンバーであるということはどういうことか、リーダーが一番立派な模範を示す。例えばボスザルを見て、子ザルが真似《まね》して、ちゃんと秩序を守っていく。そういう内発的な秩序が生まれてきて、もめごとがなく、おのずから治まるというふうになるといいんですが。

特に人間の場合は、サルのようないい意味での本能——本来・生まれつき適応的に行動する能力があるのを本能というんですが——をほとんど失っています。高等哺乳類くらいから、群れの文化によって後天的に教育されないと生きていけない面がだいぶ増えてきますが、それでもサルにはかなり本能的なものが残っているようです。

ところが、人間はもう全面的に文化・言葉で生きていて、言葉、特に名詞を使って世界を見ます。名詞を使ってものを見ると、名詞は個々に分離していますから、ものも名詞どおりに分離しているように見えてきてしまいます。

例えば、私たちが「木」という言葉を使って木を見ると、木と大地、木と空気—大気—大空、木と太陽、木と水分—水—雨—雲—その源である海といった元々の無数のつながりなしに、木がそれだけで生えられるような錯覚が生まれます。

特に代名詞や固有名詞を使って自分を捉《とら》えると、ほかの人やもの、大自然と分離した「自分」自体というものが存在しているという錯覚が起こります。先にも言いましたが、それを「自己実体視」と言います。

しかし、よく考えてみると大自然と分離した自分は一瞬たりとも存在しえないんですね。私のからだ・いのちそのものが隅から隅まで大自然が生み出した元素でできていますし、絶えず酸素と二酸化炭素の交換という形で外界とつながっていなければ生きていけませんし、水、食物、大地＝地球と関わって生きているわけですし、私の生きるエネルギーのほとんどは太陽からきたものという意味で太陽とつながっています。すべてのものがそうですが、人間もまた他とのつながりの中でのみ存在できる縁起的な存在であるわけです。

ところが、言葉ですべてを実体視すると、自己実体視・無明という心を持ってしまう。そうすると、グループ全体が幸せになることよりも、「オレ」が幸せになることが大事みたいになりがちです。そうすると当然のこととして内輪ゲンカ・争いが起こります。そうなった場合に、それを本当に公正——「公」とはグループ全体という意味であり、「公正」とはグループ全体にとって正しいという意味ですが——に裁くために、一番上の権力がある。

もちろん現代ではいちおう三権分立になっていて、行政権や司法権や立法権はそれぞれ分立していますが、この時代は全部込みですから、トップリーダー、サブリーダーが、裁きもやるわけです。裁きをやるサブリーダーがおかしいのでは、そもそも共同体がうまく成り立たないわけです。

ところが、百姓・庶民たちの間では、例えば水利の争いがあったり、土地の境の争いがあったり、いろんなことが起こりがちです。そういう時にサブリーダーのところに訴えてくるんです。「一日に千事あり」というのは比喩《ひゆ》でしょうが、非常にたくさんの訴えがある。

ところが、「この頃」……この言葉は聖徳太子がまさにこの時代をよく見ていたことを表わしていますね。斑鳩宮《いかるがのみや》（現在の法隆寺に隣接）から飛鳥の宮廷に通う道すがら、昔は殿さまも籠《かご》ではありませんから、聖徳太子も馬で通ったことになっていて、愛馬は黒馬だったという説が定説的には強いんですが、いや白馬だったという話もあります。それはどっちでもいいんですが（笑）、聖徳太子にファッションとしてどちらが似合うかというと、白馬がいいかなという気もしますが、愛馬は黒馬だったと法隆寺では伝えられています。

とにかく馬に乗って往復するわけですから、当然、馬上から周りの農民たちの暮らしが垣間見《かいま》える。その頃は、貴族や皇族たちと庶民との格差はすごいものだったようですが、それを乗り越えて、「庶民の一人ひとりに至るまでみんな仏の子だ」という思想を聖徳太子は持っておられましたから、もしかしたら行き来の時に姿を見かけたかもしれません。

その頃は江戸時代と違って、土下座どころではなく、隠れなければいけなかった。偉い方が道を通っているのを百姓が見たら、むさ苦しい姿を見せないように隠れなければいけないということになっていて、どうしても隠れる場所がなかったら土下座なんだそうです。

しかし、農民を見かけられたら、直接声をかけたりされるということも十分にありえたと思います。おそらく民たちがサブリーダーに正しい裁きをしてほしいと訴えている現状を見たり聞いたりして把握《はあく》しておられたのではないでしょうか。

しかも、公正な裁判が共同体のリーダーのやるべきもっとも身近な責務だということを踏まえておられて、「現状は、賄賂《わいろ》でもって裁判を有利にしてやるし、お金がないと全然反応してもらえない」と。これも、的確に現場を捉えた生き生きとした表現で、こんなものを後世の作文では書けない。「財あるものの訟《うったえ》は、石を水に投ぐるがごとし」、つまりポーンと石を水に投げたら波紋は必ず起こるでしょう、ところが「乏しき者の訟は、水を石に投ぐるに似たり」、岩に向かって一杯や二杯水をかけたところで、岩はびくともしない。これはやはり現場を踏まえた人の比喩《ひゆ》です。こういう状態になっているではないか、と。

「ここをもって、貧しき民は所由《せんすべ》を知らず」、貧しい者はどうしたらいいかわからない、途方《とほう》にくれている、そういう状態になっているではないか、と。やはり、全編を通じて、生きとし生けるもの、特に民への慈悲、愛という思いがあふれています。そこを左翼史観は読み取れないのです。

太子は、推古《すいこ》天皇を別にすればほぼトップリーダーで、その立場から……金力や権力という勢力としては、馬子のほうがあったかもしれませんが、立場上は自分のほうが上で、その立場から「臣道《しんどう》またここに闕《か》く」と言っているのは、馬子その他に向かって言っているわけです。「それでは臣としての道にそむくではないか。貧しい人たち、民たちの幸せのために、おまえたちはいるのではないか」と。ここには聖徳太子の慈悲から出る怒りが表現されています。

覚った人は怒らないという大まちがいのことを思っている人がよくいますが、聖徳太子もそうですが、覚った人も怒ることがあるんです。私情で怒るのを「私憤《しふん》」、正しい事のために怒るのを「義憤《ぎふん》・公憤《こうふん》」といいます。私憤があるようでは覚ったとはいえないんですが、義憤・公憤としてはむしろ激しい怒りを持つ。だから、仏教（特に密教）の中には不動明王《ふどうみょうおう》とか愛染明王《あいぜんみょうおう》というう怒りの仏さまがちゃんといらっしゃるんです。仏さまは怒らないと思ったら大まちがいです。ものすごく大変に恐ろしい形相で怒ることもあるんです。

聖徳太子のこの怒りは大変に怖《こわ》い怒りで、しかもこれを出した頃は三〇代ぐらいで、古代の三〇歳といえば今の四五～五〇歳というまさに盛りで、馬子は衰え始めたところで、今まで若造と思っていたものが、だんだんリーダーとしての力と威厳《いげん》を備えてきて、こんなことを言われた日には、内心は「クソッ」とか思ったでしょうが、表立っては逆《さか》らえないということになっていった。新羅征伐《しらぎせいばつ》なども聖徳太子が実権を握るようになってから、亡くなられるまでは無しですから、それだけ抑えが効《き》いたということだと思います。

もう一度言いますと、共同体のメンバーがみんな幸せに暮らせるように、争いがあった時には公正に裁くというリーダーの役割をちゃんと押さえていて、それは人民のためなのに、今「貧しき民は所由《せんすべ》を知らず」という状態になっているのでは、「おまえたちそもそも自分の道・役割への自覚がまったく欠けているぞ」と叱《しか》っているわけです。

「国父《こくふ》」という言葉がありますね、「国の父」。そういう偉大なる父を英語で Big father と言いますが、そういう称号にふさわしい威厳を身につけてこられた聖徳太子の姿が、こういうところから浮かんできます。そこに一貫して流れているのは愛民という思想です。

ちなみに、スウェーデン福祉国家の基礎を築いたブランティングは、「国民の父」と呼ばれ、今日でもスウェーデン国民に敬愛されています。スウェーデンに行った時、ストックホルムの公園にあるブランティングの銅像を見ましたが、威風堂々としてとても頼りになる父親という感じで、とても良かったですね。

それはともかく、聖徳太子は、共同体にとって公正な裁きがぜひ必要だということを押さえておられる非常に現実的な政治家です。ちゃんとした政治がなされるためには、ちゃんとした裁判がなされなければならない。ところが現状ではそうではないということを踏まえておられる。ですから、「菩薩天子《ぼさつてんし》」という自覚を持っておられたからといって、いわゆる「仏さまのような人」で、何をやってもニコニコしているわけではありません。そうではなく、仏教の基本精神は「諸悪莫作衆善奉行《しょあくまくさしゅぜんぶぎょう》」といって、「もろもろの悪はなすことなかれ、もろもろの善を奉《たてまつ》り行なえ」であり、それとほぼ並行するのが「勧善懲悪《かんぜんちょうあく》」という儒教的な考え方で、第六条では、その勧善懲悪を確立する法による統治ということを説いています。裁判をちゃんとやるということは法を確立するということですから。

第六条　法による統治

六《ろく》に曰《いわ》く、悪《あく》を懲《こ》らし善《ぜん》を勧《すす》むるは、古《いにしえ》の良《よ》き典《のり》なり。ここをもって人《ひと》の善《ぜん》を匿《かく》すことなく、悪《あく》を見《み》ては必《かなら》ず匡《ただ》せ。それ諂《へつら》い詐《あざむ》く者《もの》は、則ち国家《こっか》を覆《くつがえ》す利器《りき》たり、人民《じんみん》を絶《た》つ鋒剣《ほうけん》たり。また佞《かだ》み媚《こ》ぶる者は、上《かみ》に対しては則ち好《この》んで下《しも》の過《あやまち》を説《と》き、下《しも》に逢《あ》いては則ち上《かみ》の失《しっ》を誹謗《そし》る。それかくの如きの人《ひと》は、みな君《きみ》に忠《ちゅう》なく、民《たみ》に仁《じん》なし。これ大乱《たいらん》の本《もと》なり。

〔第六条　悪を懲らしめ善を勧めるのは、古くからの良いしきたりである。だから、他人の善を隠すことなく、悪を見たらかならず正せ。へつらい欺く者は、国家を覆す鋭利な武器のようなものであり、人民を絶えさせる鋭い刃の剣のようなものである。またおもねり媚びる者は、目上に対しては好んで目下の過失の告げ口をし、目下に向かっては目上の過失を非難する。こういう人間はすべて、君に対しては忠誠心がなく、民に対しては仁徳がない。これは、世の中の大乱の元である〕

「懲悪、勧善」と順序が逆になっていますが、国というのは、理想的には自治国家、そこまでいかないから徳治国家、でもそれも現実的ではないからまずは法治国家で、法治国家をちゃんとやるには、ちゃんとした裁判、善は善、悪は悪としてはっきりさせることが必要であり、それは「古の良き典《のり》なり」と。ここは従来は「中国の古典」のことだと読んできたんです。私の読んだものではすべてそう解釈していますが、しかし古来、成文法がなくて慣習法の場合も、「悪を懲らし善を勧める」ということをちゃんとやってきたから共同体が成り立ったんです。

「古の良き典なり」とは、「古来の伝承からして、良いものは良い悪いものは悪いとちゃんとすること、それが本来ではないか」という意味でしょう。豪族たちがリーダーになるのも、考えていくと古来から、善は善、悪は悪として公正な裁判をする、そういう役割を担った立場として族長になっているはずだ。氏族がまとまって、今、国になろうとしているんだから、「古の良き典」、日本の古い良い伝統、共同体の伝統を思い出しなさいということです。

もちろん神仏儒習合という原点をおつくりになったのは聖徳太子ですから、「古の良き典」は中国古典だと読めなくもないんですが、それだけではなくて、日本の民族神道的な共同体の規範がここに入っていると読んだほうがより適切でしょう。

第十六条で、もう一回「古の良き典なり」という言葉が出てくる時には、明らかに慣習法です。それは、「農繁期には人を使ってはいけない。農閑期なら共同体作業に駆り出してもいい。それは『古の良き典』だ」と。これは、中国古典の話ではなく明らかに日本の伝統的な共同体の慣習法のことではないでしょうか。稲作共同体では、農閑期なら、道づくりとか畦《あぜ》づくりという共同作業にみんなを駆り出してもいいのですが、農繁期でそれぞれの田んぼで忙しい時に、族長が「オレの家の修理しろ」とか、まして「古墳《こふん》をつくれ」とか、そんなことで駆り出すことは許されていない。「昔からの良い規範だ」というのは、これはもう中国古典の話ではありません。

　ですから、従来から「『十七条憲法』には神道が入っていない」と言われることがあるんですが、日本の伝承法・慣習法としての神道的な精神はちゃんと入っていると読んだほうがいい、と私は思っています。

　共同体の中では、「人の善を隠してはいけない。悪があったらはっきりと正すべきだ。それに対して相手が強いからといって、へつらいごまかすのは、国家を覆《くつがえ》す鋭利な武器のようなものだ」と。「国家」という字は、古来「おおやけ」と読み、「おおやけ」は、元々「大きな家」という意味です。

　ですから、日本においては、国家とは本来「国民の家」という共同体のことなんです。マルクス主義的な史観でいうと、「国家は権力者が人民を支配するための暴力装置だ」という話になるんですが、そうではなくて、元々日本人にとって国家というものは共同体・人々の共同体であり、そこに必要があってリーダーが選ばれていったというのが本来の伝統だということです。

　ところが、共同体の中で、悪いことをしていても、見ていた人に「言ったらただではおかないぞ」などと脅《おど》して隠そうとする人間が出てくると、弱い人は怖《こわ》いのでついつい黙ってしまう。しかし、そういうことは、共同体を壊す危険な刃物のようなものだ、と。

　そして、ここにも「人民」という言葉が出てきます。つまり、聖徳太子の愛民思想が一貫して出てくるのです。「人民を絶えさせる鋭い刃のようなものだ。人民の共同体を維持するためには、善は善、悪は悪とはっきりさせなくてはいけない」。

ところが、特に中間管理職的な人間はおもねり、媚《こ》びて、何か問題があると……私も会社勤め時代に中間管理職だったことがありますからよくわかりますが、上と下で挟《はさ》まれて辛《つら》いんです。辛いので、自分の身を守ろうとするとついつい、上から言われると、「いや、私は一生懸命やっているんですが、あいつらが言うことをきかなくてダメなんですよ」と部下のことを悪く言う。そして、部下が「どうなってるんですか」と突き上げてきたら、「オレは一所懸命君たちのことを考えてやっているんだが、社長が言うことを聞かないんだ」とか言ってごまかそうとする。そういう中間管理職では、まさにサブリーダーとしての役に立たない。本当の意味でのトップリーダーに対する忠誠がない。

トップリーダーの役割ははっきりしていて、すべての生きとし生けるものを覆《おお》うためにトップリーダーがいるんですから、トップリーダーがそれをやっていない場合、体を張ってでも忠告しなければサブリーダーの役は務《つと》まらない。そういう意味でサブリーダーは確かに辛いんですが、でもそれをやらないようでは、「忠」とはいえない。「忠」というのは、上の人が悪くてもなんでも黙って言うこと聞きますというのではなくて、必要であればまさに忠告をするというのが「忠」です。

「民に仁なし」、「仁」は、儒教用語ですが、仏教の慈悲と非常に近い、ほぼ同じコンセプト（概念）です。民に対して「仁」によって政治を行なうことを「仁政」といったり「徳治」といったりしますが、ここでも、愛民・仁政思想が語られています。仁政をやらないでいると、世の中が大きく乱れる元である。

したがって、「善は善、悪は悪。公正な裁判をせよ」というのが、第五条、第六条で語られているところです。

徳治主義、理想的には自治、しかし現実的には法治主義というふうに、段階を踏んで統合的に政治の思想を確立しておられるという意味で、聖徳太子はまさにケン・ウィルバー（アメリカの思想家）の言う「ビジョンロジック」的なものの見方を身につけておられたと理解してまちがいないと思います。

ですから、神・仏・儒も統合的に使っていく。それから、徳治・自治・法治というのも、それぞれのレベルに合わせて総合的に使っていく。そういう意味で非常に人間の現実を踏まえた政治理念を展開しているといってまちがいありません。

もちろんここまで理念を確立しても、現状で直《ただ》ちにそうなるとは限らない。それどころか実現はかなり遠かったんですが、聖徳太子が「三宝を敬う」という精神をあとのトップリーダーたちの心に伝えたと言ってまちがいないでしょう。

代表的には「大化の改新」の立役者の一人である藤原鎌足《ふじわらのかまたり》は、非常に仏教への信仰が篤《あつ》く、興福寺《こうふくじ》に残された伝統から察するに、まちがいなく弥勒《みろく》信仰を非常に強く持っていました。弥勒の教学としての唯識《ゆいしき》にも、長男・定慧《じょうえ》を命の危険があることを承知の上で派遣して学ばせるくらい強い想いがあったようです。それから、興福寺には今でも「維摩会《ゆいまえ》」という維摩経《ゆいまぎょう》を記念する会があります。鎌足は、維摩居士《こじ》のように在俗でありながら出家をも上回るほどの深い覚りを開いた人間でありたいという理想を持っていたと見ていいようです。

藤原鎌足もあとの藤原氏の堕落から見ると、その祖《そ》であって、「あいつもただの権力者だろう」と思われがちですが、調べていくと、どうもそういう理想を強く持っていた。鎌足は聖徳太子の意を体して帰って来た南淵請安《みなみぶちしょうあん》先生についているわけですから、聖徳太子―南淵請安―鎌足という理想の伝承があったと考えてほぼまちがいない。

ですから、この当時はまだ建前にすぎなかったものが、古代の限界の中での律令国家では、日本国民として生まれれば直ちに田畑を一定程度もらえて、一所懸命に耕して働きさえすれば、最低限は食べていける。これは古代としては福祉国家ですが、古代のリーダーたちがやがてそういう国をつくり上げていくんです。

スウェーデンの政治手法「バックキャスト」ではありませんが、はるか彼方に目標・理想を掲《かか》げておくと、やがてそれに向かって頑張る人間が出てくる。日本は奈良から平安への転機のところで、だんだん班田収受《はんでんしゅうじゅ》の律令国家が崩壊して、荘園制《しょうえんせい》という貴族たちの利権政治に変わっていきました。そういう意味で、残念ながら理想が遠のいてしまったということはありますが、でもこうやって理想が掲げられていると、ある段階までは、それに近づこうという努力がなされていますし、さらに今頃になって再発見すると、「これこそ日本の原点で、単なる過去の話ではなくて未来への目標だ」ということになっているのです。

掲げられたのは過去ですが、目指しているのは未来です。つまり、書かれたのは千四百年前ですが、『十七条憲法』が示しているのは、日本がこれから至り着くべき未来なのです。これは、まさに日本が未来への国家ビジョンとして再発見するにふさわしいものであり、それだけすばらしいものを掲げておいてくれたということは、本当に有難いことだ、と私は思うんです。

第七条　菩薩《ぼさつ》的なリーダーによる統治

第七条では、最初のところから出ているのをもう一度確認するように、菩薩的なリーダーによる統治、当面は徳治ですが、ただ儒教的徳治ではなく、菩薩的なリーダーが治める徳治が当面の理想だということが書かれています。

七《しち》に曰《いわ》く、人各《ひとおのおの》任有《にんあ》り。掌《つかさど》ること濫《みだ》れざるべし。それ賢哲《けんてつ》、官《かん》に任《にん》ずるときは、頌《ほ》むる声《こえ》すなわち起《お》こり、奸者《かんじゃ》、官《かん》を有《たも》つときは、禍乱《からん》すなわち繁《しげ》し。世《よ》に生《うま》れながら知《し》るもの少《すく》なし。よく念《おも》いて聖《せい》と作《な》る。事《こと》、大少《だいしょう》となく、人《ひと》を得《え》て必ず治《おさ》まり、時《とき》、急緩《きゅうかん》となく、賢《けん》に遇《あ》いておのずから寛《かん》なり。これに因《よ》って、国家永久《こっかえいきゅう》にして、社稷《しゃしょく》危《あや》うからず。故《ゆえ》に古《いにしえ》の聖王《せいおう》、官《かん》のために人《ひと》を求《もと》む。人《ひと》のために官《かん》を求《もと》めず。

〔第七条　人にはそれぞれその人にしかできないことがある。自分がどの仕事を掌握《しょうあく》すべきか混同してはならない。賢者が官に就《つ》く時、たちまち賞賛の声が起こり、邪《よこしま》な者が官に就いている時は、災害や混乱がしばしばある。この世には生まれながらにして聡明な人は少ない。よく真理を心にとめることによって賢者になる。事は大小にかかわらず、適任の人を得るとかならず治まるものである。時代が激しくても穏やかでも、賢者がいれば、自然にのびやかで豊かになる。これによって、国家は永久になり、人の群れは危《あや》うくなることがない。それゆえに、古代の聖王は、官職のために人を求めたのであり、人のために官職を設《もう》けたりはしなかったのである」

「人にはそれぞれその人にしかできないことがある」、これは任務というだけではなく、儒教的にいうと「天命」です。命を与えられたということは、天から命を与えられたということです。天命という言葉のほかに「使命」という言葉があります。天から与えられた命を使って生きるのが「使命」です。

元々儒教的な人間観では、天から与えられた命を使って生きることは、使命ということであり、与えられたその使命は、天から与えられたものですから、「天命」なのです。命がある以上は人それぞれに使命・天命がある。ですから、自分がどういう仕事をやるべきか、掌握すべきかを混同混乱してはならない。

若者を指導していると、楽しいかとか儲《もう》かるかとか、いわゆる好きかとかで、「私の適職」といって、一所懸命リクルートするけれども、三ヵ月で辞めたくなるとか、二年経《た》ったら辞めたくなるのがいっぱいいます。だから、「大学生時代に自らの天命を発見しておきなさい。命が与えられたということは天から命が与えられたということで、『こんな私に?』と思うかもしれないけれど、あなたにはすでに命があるんだから、まちがいなく宇宙があなたに『使命・天命』を与えているんです。ただし、それが具体的にはなんなのかを発見するのは自分の責任です。しかし、私がなんのために生きているのかは、自分がどういう時代に、どういう場所に、どういう能力を持って、生きているかよく考えたら、自ずから『これが私の仕事だ』と見えてくるはずだよ」と言うんですが、なかなか見えないようです。

しかし、今、日本と世界がどういう状況にあって、自分がどういう能力を与えられていて、ということをよく考えたら、何をやらなければいけないかは見えてくるはずだと思うんですが。

条件がいいからとか、楽だからとか、安定しているからとか、私が好きだからとか、そういうことではなく、使命というのは嫌《いや》でもやらなければいけないことがあるんです。自分のやりたくないことをやらされるのが使命だったりするんです。

旧約聖書の預言者《よげんしゃ》たちや使徒《しと》パウロなどの伝記を見ると、多くの場合がそうです。預言者などになりたくないのに、突然、神の声が聞こえてきて、「私に代わって民たちに預言せよ」とか言われるんです。聖書の「預言」とは、「予め言う」のではなくて「神から預かった言葉を語る」という意味で、いわば神の代理で人民たちに厳しい警告をするんです。

当然、道をまちがえている指導者や人民たちからはうるさがられますから、イスラエルの預言者の役割はそういう意味では非常に損な役割です。平穏無事に暮らしたい人は、預言者などには絶対なりたくないんですが、イザヤもエレミヤもみんななりたくもないのにならされてしまって預言者になり、当然、みんなに逆らわれたり、いろいろな受難をしたりしています。そういうのが聖書の預言者の伝統です。

それはともかく、命というものには、元々使命があり、それを果たすことこそ生きるということだという考え方は、根本的には仏教にも儒教にも共通するものですから、聖徳太子がここで単に官僚の役割分担の話をしているというふうに浅読みをしてはいけないと思います。そうではなくて、人と生まれたらもう「各任《おのおのにん》あり」なんです。何をやるべきかを、迷ったり見失ったり、まちがえたりしてはいけない。

「本当に賢い者・賢者が公の仕事・官に任ずる時はたちまち賞賛の声が起こる。邪《よこしま》な者が就《つ》いている時は災害や混乱がしばしばある」、これはもう現代の話そのままです。

しかし、「生れながら知る人少なし」、真理を最初から知っている人は少ない。ところが、よく心に留《とど》めて、「よく思いて聖となり」……この時の「聖《ひじり》」とは、聖徳太子の「菩薩天子《ぼさつてんし》」という自覚からしても、「篤《あつ》く三宝《さんぼう》を敬《うやま》え」という言葉からしても、やはり「覚《さと》った人・菩薩」という意味です。ですから、「生まれながらにして真理を知っている人はいないけれども、よく学びよく瞑想《めいそう》すれば菩薩になれる」ということです。

しかし、この段階では、「『菩薩』という概念を群臣たちにダイレクトに言っても、通じないかもしれない」と判断されたのでしょう。時代的には儒教のほうが先に入っていますから、群臣たちの上部の人は儒教的な教養はある程度持っていたようです。仏教の知識はまだ少ないので、儒教的な言い方のほうがまだ群臣たちに通じやすいということもあったので、「菩薩」ではなく「聖」という言葉を使ったんでしょう。

聖徳太子の思想は「神仏儒習合《しんぶつじゅしゅうごう》」ですから、もちろん重なった意味でも使っていて、仏教的に言うと「深い思索瞑想をして禅定《ぜんじょう》・智慧《ちえ》を磨《みが》いて菩薩になる」ということですし、儒教的に言うと「徳をよく身につけて聖人君子になる」ということです。

「事が大きいことだろうが小さいことだろうが、それにかかわらず、適任の人を得ると必ず治まる。時代が激しくても穏やかでも賢者がいれば自然にのびやかで豊かになる」

第一次大戦、第二次大戦の混乱期を武装中立でみごとに乗り切ったスウェーデンの歴史を見ていると、やはりトップリーダーが賢かった。ブランティング、ハンソンというリーダーたちの乗り切り方を見ると、みごとと言うほかありません。

だから時代がどんなに激しい時代であろうと、もちろん穏やかな時代であればますます、トップやサブリーダーが賢者であれば、「おのずから寛《かん》なり」なんです。この「寛なり」というのがいいですね。本当にのんびりゆったりとした安心安全な社会ができる。

こう読んでくると、ここにはまさに「持続可能な国家」がみごとに語られていると感じます。「持続可能な社会」というコンセプトは、北欧のリーダーが一九八〇年代に初めて言い出したものだそうです。確かに言葉はそうでしょうが、ここで語られている「国家永久にして、社稷危《しゃしょくあや》うきことなし」ということと内容はみごとに重なっています。「社稷」とは、人の群れ・共同体という意味です。安全で、持続可能な国家では、菩薩的なリーダーとサブリーダーが、自らの天命を生きるという形で仕事をする。そういうことができた時に、時代がどうであろうと、共同体はちゃんとやっていける。

だから、「古の聖王は、官のために人を求め、人のために官を求めず」、昔の聖なる王（これはいちおう儒教的な概念ですが、「転輪聖王《てんりんじょうおう》」という仏教の概念とも重なっています）は、そういう公の仕事のために人を求めたのだ、と。

「オレの子分だから、あいつのポストをつくってやろう」といって財団法人をつくったりしないわけです。「○○次官がいよいよ定年退職です。天下りできる財団が足りない。もう一つ公益法人をつくろう」というのでつくる。知って驚きましたが、その手の財団が日本には数百あるんだそうです。名前を知っている一〇くらいかと思っていたら、聞いたこともないようなところに高級官僚が天下りするケースがいっぱいあったんですね。そしていまだに整理統合ができていません（政権が代わって事業仕分けが行なわれてもまだまだのようです）。

これまでの日本の政治は、人のために官を求めた。「この人の定年後の行く先がないから財団を一つつくろう」などと。

しかし、そもそも民たちが安心安全に暮らすために公の仕事・官というものがある。それを天から選ばれた者として使命を果たすという形で実行する菩薩・賢者が官に就かなければならない。だから、トップリーダーの人事もそうでなくてはならない。

これは当然、推古天皇や馬子に向かって、「自分の好き嫌いとか勢力のバランスとかで、誰にこういう位をやろうなどということをしてはいけない」と言っているんです。まさに同じ年に『冠位十二階制』を制定して、ちゃんと能力に応じて位を授けよう、なるべくそれを公平にしようとしたんですが、馬子たちは十二階制の上にいて、勝手に冠位で定まっていない紫の冠をかぶっていたといわれています。

この個所で本当の意味での公務・官ということの意味が明らかになっています。こういうところをちゃんと押さえていくと、小泉さんの「官から民へ」などというのが、いかに浅い話、というよりウソだったかということがわかってきます。神野直彦さんがみごとに暴《あば》いてくれたように、あれは実は「公から私へ」だったんです。本当は公（おおやけ）がやるべきことを私的な企業に任せてしまうという話なのであって、そのことによって本当に公がやるべきことが非常に手抜きになってしまったことは、現段階までくるときわめてはっきりしてきました。

しかし、日本の官僚のかなりの部分がいろんな意味で利権に走っているのはどうも本当のようですから、そういうことを見ていると、「官から民へ」というのはいいことのように思えたのですが、実際は国民全体にではなくて私企業に移していくということですから、ひどいトリックだったんです。

官が本当の官になる、つまり公務ということがどういうことなのかをちゃんと官僚たちにわからせ、実行させる。トップリーダーは本当はそれをやるべきだったんです。「官から民へ」なんてインチキをやるんじゃなくて。

だから、これからのトップリーダーにやってほしいのは、官僚が精神においてそして精神が整った上での行動においてまさに「公務」を果たすように、私利私欲のためにその座にいるのではなく、「みんなを幸せにするという使命のために、私は官僚をやっているんだ」という自覚を持っているのが当たり前というふうに教育・指導するということです。それが、トップリーダーの仕事です。

そのためには、そもそも、人事の時からそれをやらなければいけない。「官のために人を求める」、「この公務にふさわしい人は誰か」ということで選んでいくということですね。

第八条　官僚たちに求められる精進

八《はち》に曰《いわ》く、郡卿百寮《ぐんけいひゃくりょう》、早《はや》く朝《まか》りて晏《おそ》く退《まか》でよ。公事盬《こうじいとま》なし。終日《ひねもす》にも尽《つ》くしがたし。ここをもって、遅《おそ》く朝《まか》るときは急《きゅう》なることに逮《およ》ばず。早《はや》く退《まか》るときはかならず事尽《ことつ》くさず。

〔第八条　もろもろの官吏たちは、朝早く出仕《しゅっし》（出勤）し夕方遅くに退出せよ。公の仕事には油断する暇はない。一日すべてでも終わらせがたい。だから、朝遅く出仕するならば、緊急のことに間に合わない。早く退出するならば、必ず仕事を成し遂げられなくなるだろう〕

第八条は、高級官僚たちに対する精進の勧めです。困窮している無数の民たちのために実行しなければならない公務は、今も昔も数限りなくあります。自分の都合でほどほど適当に勤務していたのでは、重要事項が処理しきれない。すべての生きとし生けるものが生き生きと生きられるように、力を尽くして、彼らを担い、支援することが臣の責務なのです。そうした重責を、自らの修行・精進として進んで買って出る者こそ、真の菩薩的なリーダーなのだ、と。「国難」に立ち向かっていかなければならない今こそ、彼らの底力を見せてほしいものですね。

『十七条憲法』とこれからの日本

ちょっと余分かもしれないことを付け加えると……この講義全部をとおして何をしたいかというと、これから日本がどういう道を進むべきか、原点と目標を明らかにしたいということであって、単なる聖徳太子論をやりたいのではないので、そういう話をします。

これからは、「大きな政府か小さな政府か」という話ではなくて、国民の安心と安全のためにどれだけの仕事量――官の公務――が必要なのか、そこを量《はか》った上で、それにふさわしい人数の人材をそこに投入していくべきです。だから大きいか小さいかという問題ではない。大きな規模でやらなければいけないのなら、当然、公務を果たす者としての公務員は増やすしかありません。公務でなくてできることであれば、別に増やさなくてもいい。だから、むしろ本当には公務がどのくらいあるのか、それがこれからの日本が考えなければいけないことです。

いろいろとバレてくることを見ると、官僚たちがうわさだけではなくて実際に膨大な無駄遣いをしていることは明らかなようですから、無駄遣いができない制度をつくらなくてはいけない。

それから、制度をいくらつくっても、黨《とう》の心・無明《むみょう》の心がある限り、それでも裏をかいて役得を得ようという人間は必ずと言っていいくらい出てきますから、監視制度、スウェーデン的なオンブズマン制度もちゃんとつくらなければいけない。

しかし、オンブズマンの目さえかいくぐるのが人間ですから、やはり自らの振る舞いを自らの心が監視するというくらい心がちゃんとなるところまでいく必要があります。

そういうふうに「枉《まが》れるを直《ただ》す」ためには、三宝、仏・法・僧という仏教が必要だということになるんです。といってもこれからは、もちろん特定宗教としての仏教ではなく、特定イデオロギーとしての儒教でも神道でもなく、仏教や儒教や神道のエッセンスを再発見して、それによってリーダーの心の教育をやる。「能《よ》く教うるをもて従う」ということですから、ちゃんと教えて心の枉れるを直して、真理に従えるようになった人間が、官僚になり、政治家になり、財界のリーダーになる。私たちは、一日も早くそういう国をつくらなければならないと思います。

そのためには、まず現状ではその精神を理解している市民が増えていく必要がある。幸い日本は議会制民主主義ですから、その市民の中から市民的リーダーが選ばれて、「市民の幸福のためにおまえやれ」と言われて、「自分のためにはやりたくないんだけど、みんなにそこまで言われてはしょうがない。では、みんなのためにやります」と、「私のためではなくみんなのためになりたい」という心を持った人が政治をやるようになれば、日本もこれからもっともっと違った国になりうると思います。

何度も言いますが、原点があるということは大きいことです。思い出すことができるんです。思い出せば、「やはりこれが日本だ」と思えるので、「日本人はこれでいかなくては」という話がだんだんわかってくるようになってくると思います。

教えている大学の一つでは、多い年は七〇〇人弱、少なめでも五〇〇人以上の学生が私の講義を履修します。毎年、オリエンテーションの時に、「人数が多すぎて困っているので、本気で学ぶ気のない学生諸君は履修しないでほしい」「やる気ないんだったら、帰っていいよ」と言うにもかかわらず、たくさんの学生があえて履修し、ずっと話を聞き続けてくれる学生たちもかなりの数残ります。

その学生たちには、前期、コスモロジー（宇宙論）の話をして、後期前半は大乗仏教の話をします。その中間で「空《くう》とは何か」という小テストをすると、八、九割がほぼ理解していると思われる答えを書きます。その後、唯識《ゆいしき》の講義をすると、マナ識やアーラヤ識についてこれもほぼ正解を八、九割の学生が書いてくるんです。

そして、後期の後半は『十七条憲法』の講義なんです。最初は「十七条憲法？」という顔をして聞いていた学生たちが、やがて「日本にはこんなすごい憲法があったんですね」「これは日本の原点ですね」「こういう国にしたいと思います」という感想を書くようになります。これこそまさに「能く教うるをもて従う」ということだと感じています。

日本国民で大学に来るくらいの知的水準の若者なら、こういうことを教えると、まずとりあえず知的には理解するんです。なかなかすぐには行動につながらないのがはがゆいですが……。

そういう結果を見ていると、「日本人の集合的無意識の中には聖徳太子以来の精神的遺産はちゃんと残っている。その残っている遺産をしっかり再発見した国民文化が下支えになってくれば、日本は大きく変わることができる」と感じるのです。

とりあえずは知的に理解しただけのように見える若者たちの心の底・アーラヤ識に蒔《ま》かれた種《たね》は時が経つにつれ芽《め》をふき育ってきて――それを「異熟」といいますが――やがてまちがいなく行動に現われてくるはずだ、と信じ期待しているのです。

第四講

第九条　相互信頼と信の共有

九《く》に曰《いわ》く、信《しん》はこれ義《ぎ》の本《もと》なり。事《こと》ごとに信《しん》あるべし。それ善悪成敗《ぜんあくせいばい》はかならず信《しん》にあり。群《ぐん》臣《しん》ともに信《しん》あるときは、何事《なにごと》か成《な》らざらん。群臣《ぐんしん》信《しん》なきときは、万事《ばんじ》ことごとくに敗《やぶ》れん。

〔第九条　誠実さは正しい道の根本である。何事にも誠実であるべきである。善も悪も、成功も失敗も、かならず誠実さのあるなしによる。官吏たちがみな誠実であれば、どんなことでも成し遂げられないことはない。官吏たちに誠実さがなければ、万事ことごとく失敗するであろう〕

第九条ですが、これは十七条の全体のちょうど真ん中、要《かなめ》にあたるところで、そこに「信」ということが語られていて、「信はこれ義の本なり」とあります。つまりあらゆる正しい道の一番根本になるのは誠実さということだ、と。人と人との誠実さ、信頼関係があれば、それはもう共同体が成り立つ、うまくいく、それはもちろん根本です。

しかし同時に、聖徳太子において「信」という言葉は、仏教的な意味合いと儒教的な意味合いが重なっていると思われますから、やはり縁起の理法・空ということ、慈悲ということ、そういう仏教的なコスモロジー（宇宙論）への信を共有し、それを共有し合う人間としてお互いが信用し合える・し合うという意味も含まれていると思います。

前にも申し上げましたが、日本は戦後、アメリカ化による非宗教化が社会全体に行なわれて、標準的には宗教を信じないことのほうが合理的で、知識人としては正しい、進んでいるんだと思いこまされてきましたが、それを教えたアメリカは、オバマ大統領の就任式のテレビ放映を見ても、聖書に手を置いて宣誓しています。就任直前の演説を聞いていたら、最後のほうで、有名な「Yes, we can」のあとに「God bless you」（神さまがみなさんを祝福してくださいますように）という国民への祝福を述べていました。つまりオバマさんの心の中にもまだ神は生きているわけです。支持した人たちの中にも神が心の中に生きていて、アメリカは、決して社会全体が非宗教化なんかされていないんです。

ところがアメリカは日本人の強さをなくしてしまうため、精神的武装解除をするために、日本の心から神さま・仏さま・天地自然・ご先祖さまをぜんぶ抜くという政策をやったんですね。

そういう教育をされた日本人が、近代人は宗教がないのがいいんだと思いこんでいて、外国に行った時、いろいろな書類の「宗教欄」に「無宗教」と書くと、事情を知っている人から「無宗教なんて書いたら、誰にも信用されないぞ」と忠告されるそうです。「キリスト教徒からもイスラム教徒からも、そういうやつは信用できないと思われてしまうから、決して『無宗教』などと書くな。本気で信じていなくても、せめて仏教徒と書いておきなさい」とか言われて、そう書くんだそうです。

つまり、無神論・無宗教の人は倫理的にいい意味で縛られるものがないわけで、何をやるかわからない。絶対的なものを信じている人でないと、それに基づいた絶対的な道徳も失われてしまっているると見なされ、人から信じてもらえない。

そういう例からもわかるように、「信はこれ義の本なり」というのは、まずは相互信頼のことですが、相互信頼できるためには、相互が高い絶対の価値を信じていて、だから絶対に人を裏切ってはいけないと思っていることが必要です。キリスト教でも仏教でもイスラム教でも、「人を裏切っていいです」と言っている宗教は一つもありません。人と人とは助け合いなさい、慈悲とか愛とか誠実ということを、ちゃんと厳しく教えるのが宗教ですから、だからそういうことを共有することで相互にも信頼し合いながら、和の国・日本という大変なプロジェクトを共同してやっていこうというわけです。

そういうふうに「群臣ともに信あるときは、何事か成らざらん」と、第一条の「何事か成らざらん」を繰り返しています。

この間テレビ解説で、「オバマは演説で同じ言葉を三回繰り返す。それが彼の演説の説得力の秘密だ」と言っていて、「なるほど」と思いました。聞いていると、一回の演説の中で、「Yes, we can」を少なくとも三回言いますね。「Yes, we can」それから「Yes, we can」、で最後のほうでもう一度「Yes, we can」と言われると、「ああできそうだ」という気がしてきます。

聖徳太子は日本人でちょっと淡白だったんでしょうか、二回ですが、「何事か成らざらん」と繰り返しておられます。しかし警告として「群臣信なきときは、万事ことごとくに敗れん」と。

つまり、共有するコスモロジーとそれに基づいた相互信頼・連帯感がないと、情熱が湧《わ》いてこないんです。つまり自分を超えた絶対的な価値あるもののために仲間と共に自分を投げ出すということがないと、やはり情熱的に献身的になれないんです。

逆に言うと、かなり問題のあった戦前の日本でも、天皇陛下のためという大きなもの、日本のためという大きなものを信じていると、いのちを投げ出せたんですね。残念ながら投げ出させた指導者・日本政府は基本的な方向を誤ったと思いますが、でもそこに向かっていのちを投げ出した若者たちの心は美しかったと私は感じます。

そういう純粋で美しい若者たちの心を正しい、美しい実りがもたらされるような方向に導くのがリーダーのあるべき姿です。今それができなくなっているリーダーがほとんどだと見えますので、日本のリーダーはまず『十七条憲法』に帰る必要があると思います。

そして神仏儒習合というコスモロジーの形をお決めになったのは聖徳太子であることは、『十七条憲法』から非常にはっきりしていますから、その意味を再発見することがぜひ必要なのではないでしょうか。

幸いにして私たちは仏教の学びを続けてきて、仏教の中核にあるものは実は呪術《じゅじゅつ》でもなければ神話でもなく、きわめて説得力のある哲学であり、その哲学は自分を超えた大いなるものと一つであるという霊性の世界を指し示している。そういう意味で非常に普遍性の高いものだ、と。聖徳太子はその普遍性の高い、いわば世界に通用する仏教を理解した上で、それによる建国を考えられた。いわば「仏教立国」です。

しかしその場合、排他主義ではなくて、仏教と神道と儒教を総合する、そしてそういうコスモロジーを共有したら、みんなが和の国・日本の建設ということに本当に情熱的に、本気になれるでしょう、と。そういう本気同士の人間が一緒にやったら、どんなに困難でも必ず実現する。でもその心がないと、何をやっても結局はダメだ、と。

実を言うと、明治以降の日本も戦後の日本も、これがないから結局「万事ことごとくに敗れる」のではないか、と私は考えています。残念ながら神仏分離をしてしまった明治政府も、行き着く先は昭和の戦争と敗戦でした。確かに富国強兵をやって西欧列強に伍《ご》して、そして東洋でただ一国、世界の軍縮会議に顔を出したりという大国になりました。確かになったけれども、最後は負けてしまいました。「大東亜共栄圏」とか「大和」――「大きな和」という意味ですが――といっても、戦艦「大和」が象徴的なように、実際に向かったのは戦争で和の世界ではなかったことは、歴史が明らかにしていると思います。

そういう意味で言えば、明治の指導者たちも戦後の指導者たちも、せっかく聖徳太子が掲げてくださった理想とはどこかズレてしまったんです。そして、今やり直すとしたらこの原点にもう一度帰らなければならない、というのが私の主張です。それは、単に個人的な主張ではなく、日本精神の一番いいところを見ていくと、やはり結局、聖徳太子のこのラインになるんだと私には思えますが、いかがでしょう。

だから、国の最初のところまで戻って、「日本はすばらしい国家理想・国のかたちからスタートした国だったんじゃないのか」と。それから紆余曲折《うよきょくせつ》して成功も失敗もあったし、特に近代は失敗でしたという反省をした時、日本のいいところと失敗したところをちゃんと踏まえた上で、いいところを見出して、もう一回いいところに向かって本気でいきましょうという気になれるんじゃないでしょうか。

しかし、私がそういうことを言ったあとで、「スウェーデン」と言い始めたら、今度は「なんだおまえは社会主義か」と言われそうです。スウェーデンは確かに社会民主主義ですし、私は「これからの選択肢は社会民主主義だ」と言いたいという気もするんですが、そう言うと「社会民主党とどこが違うんだ」とか言われそうで、言葉が困るなと思っています。

ともかく『十七条憲法』の「信」から今私たちが示唆《しさ》されることは、神仏儒習合のコスモロジーを再発見して共有して、そこから和の国・日本をもう一回つくろうという、そういう信頼関係を持って本気でみんなが当たるならば、「日本はこの先ダメなんじゃないか」なんてことはない、大丈夫だということです。

ただしそれは、私たちの間でそういう「信」が共有されなければ、そこまでできないということですね。

私は、著書や研究所の講座でこういうこと語っていく一方で、『持続可能な国づくりの会』に関わっていますが、集まりに来てくださった方に「『十七条憲法』の和の国をつくりたいと思っているんです」と言うと、もうそれだけでわかってスッと入ってくださる方がいます。もちろん少し『十七条憲法』の解釈はして、「戦前の解釈は大誤解で、実はこうなんです」という話をしてから、「そういう国をつくりたいんです」と言うと、すぐに入ってくださる。元々やや右寄りだったのかなという会社の社長さんもこの間入ってくださいました。

真面目な右の人と真面目な左の人が、両方とも本当に目指していたらここに至り着くはずだということを言っているんですから、やがて両方の方がわかってくださるようになると思うんですが（少しずつそうなってきています）、当面、原理主義的な進歩派の人に「聖徳太子、『十七条憲法』」と言うと、「危ない」と、そこでブロックされそうなので、そういう人にはちょっとこれは黙っておいて、「スウェーデン型社会民主主義がいいんじゃないでしょうか」と言います。でも実は同じことを言いたいんです。

だから、実は同じことを言いたい、実はすごく重なっているのだということを、このあとお話をしていこうということです。

第十条　凡夫の自覚の共有

では第十条にいきたいと思います。

十《じゅう》に曰《いわ》く、こころの忿《いか》りを絶《た》ち、おもての瞋《いか》りを棄《す》てて、人《ひと》の違《たが》うことを怒《いか》らざれ。人《ひと》みな心《こころ》あり。心《こころ》おのおの執《と》るところあり。かれ是《ぜ》とすれば、われは非《ひ》とする。われ是《ぜ》とすれば、かれは非《ひ》とす。われはかならずしも聖《せい》にあらず。かれかならずしも愚《ぐ》にあらず。ともにこれ凡夫《ぼんぷ》のみ。是非《ぜひ》の理《り》、詎《たれ》かよく定《さだ》むべけんや。あいともに賢愚《けんぐ》なること、鐶《みみがね》の端《はし》なきがごとし。ここをもって、かの人《ひと》は瞋《いか》るといえども、かえってわが失《しつ》を恐《おそ》れよ。われひとり得《え》たりといえども、衆《しゅう》に従《したが》いて同《おな》じく挙《おこな》え。

〔第十条　心の中の怒りを絶ち、表情に出る怒りを捨て、人が逆らっても激怒してはならない。人にはみなそれぞれの心がある。その心にはおのおのこだわるところがある。彼が正しいと考えることを、私はまちがっていると考え、私が正しいと考えることを、彼はまちがっていると考える。私がかならずしも聖者であるわけではなく、彼が愚者であるわけではない。どちらも共に凡夫にすぎないのである。正しいかまちがっているかの道理を、誰が（絶対的に）判定できるだろうか。お互いに賢者であり愚者であるのは、金の輪にどこという端《はし》がないようなものである。このゆえに、他人が（自分に対して）怒っても、むしろ自分のほうに過失がないか反省せよ。自分一人が真理をつかんでいても、多くの人に従って同じように行動せよ〕

人間は、分別知が働くと、マナ識があると、つまり第一条でいう「黨《とう》」の心があると、誰かが自分と違うことを言うと腹が立ってきます。しかしそういう心の怒りを絶って、それから表面に出てくる怒りも捨てて、人が自分と違ったことを言っても、激怒してはいけない、と。「人にはみなそれぞれの心がある」とは、聖徳太子が唯識《ゆいしき》を学んでおられたことから出てきている言葉でしょう。つまり「唯識」とは「人それぞれに心がある」という意味で、こういう言葉は、ただ仏教一般ではなく唯識を学んでいないと出てこないと思います。

そして、その心はマナ識にコントロールされていますから、おのおのこだわるところがあるわけです。つまり自分を信じていて、自分が絶対正しいと思いがち、いや、もうほとんど思ってしまう、それがふつうの人・凡夫です。「見取見《けんしゅけん》」（特定の見解を正しいと執着すること）という煩《ぼん》悩《のう》ですね。したがって、彼が正しいと思うことは私にはまちがっていると思えるし、私が正しいと思うことは彼にはまちがっているように思える。

しかしよく考えると、私は絶対的な聖者でもなければ彼は絶対的な愚か者でもない、「ともにこれ凡夫のみ」、お互いマナ識だらけの八識の凡夫ではないか、と。

哲学者の滝沢克己《たきざわかつみ》先生に「人間存在共通の低み」というすばらしい言葉がありますが、その人間存在共通の低み、みんな凡夫だというところにいったん立ち返って……といっても、もちろん聖徳太子は聖者の境地に達しておられるんです。しかし人間である以上、凡夫の側面をも残しておられる。そこの原点に立ち返る、と。

だから絶対的に正しいかまちがっているかということを、誰が最終的・絶対的に判定できるんだろうか。たとえ聖徳太子でも、人間ですからまちがえることはありうる、と。人よりも非常に深く学び、深く考え、よく覚っていると思うけれども、しかし仏でない身は絶対ではない。ただの人であるというところに立ち返る、そういう視点をお持ちなんです。

これはある意味で相対主義です。しかしながら縁起の理法という絶対のものを覚っておられますから、聖徳太子は哲学的にいうと、絶対主義的相対主義、相対主義的絶対主義だと言えると思います。つまり、人間としてはまちがうことはありうる、意見はさまざまありうる、相対的だという視点と、しかし考えれば考えるほど、見れば見るほど、縁起・空という理法は、これは宇宙を貫徹する普遍的な真理だとどうしても思える。しかしそれをドグマ（教義）として人に強要するんではなくて、そうではないかと問い掛けながら目覚めを呼び覚《さ》ます。あらかじめ絶対に正しいものとして押しつけるんではなくて、目を開けてみればそうではありませんか、と。そのことにたぶん私のほうが先に気づいているようだけれども、そうなのではないだろうか、という問い掛けをするという視点をお持ちです。

だから、絶対のものをつかみながら、凡夫としての相対性をちゃんと保持する。凡夫としての相対の立場、いろんな意見があるよという立場がありながら、だからいろんな意見ぜんぶいいですというのではなくて、やはり縁起の理法にかなったのが正しい意見、縁起の理法に外れたのはやはりまちがった意見、しかし、「のではないか」という視点ですね。

お互いに賢いところも愚かなところもあるのは、金輪のどこが端《はし》と決められないようなものだ、と。ここから見れば向こうが端のように見えるけれど、向こうから見たらこちらが端にも見えるし、また別のところから見たらそちらが端に見える……というふうに、どこが中心、どこが絶対的に正しいということが、人間の意見という意味では無い。しかしその人間が縁起の理法・空ということを覚ると、ある種絶対に今ふうに言うとアクセスできるわけです。しかしそれは絶対を把握しきったということではないんです。

これは『般若経典』からしてそうです。ダルマ・真理は確固としてあり、覚ることができるんですが、同時に誰かが自分のものとして把握して独占できるものではない。それはもうはっきりしています。太子も、そういう仏教のエッセンスを非常にはっきりつかんでおられます。絶対はあるし覚れるが、しかし握りしめて「オレは真理を知っている、おまえは知らない」というふうに独占し、それがまたしても差別の原理になったのでは、本来意味がない。共通の凡夫という立場がありながら、同時に凡夫を超えて菩薩になっているという立場もあるわけです。

だから私はよく言うんですが、絶対的平等と、相対的差別というか……「差別」というと現代では悪い意味になりますから、相対的な階層性というか、相対的な境地としての価値の差はある。でも凡夫としてはまったく平等。そのことが語られているわけです。

そして、凡夫としてはみな平等であり、まちがえる可能性はあるので、「われひとり得たり」、私だけが正しいという気がしても、相手が私の言ってることは違うと怒ったら、もしかしたら私の考えに彼をそれだけ怒らせるだけの、どこか足りないところがあるのではないか、と反省しなさい、と。

彼が納得しないのなら、どうしたら納得できるように言ってあげられるかを考えて、合意に到達する。ディベートではダメです。『朝まで…』というテレビ番組がありましたが、日本のディベートは、理性的な論争というより単なる口ゲンカで、どっちが相手を押さえつけて余計にしゃべるかという感じでやっていますが、ほとんど意味がないと思います。

聖徳太子における第一条の「論《あげつら》う」はそういうことではありませんでした。「心を開いて」ですね。心を開いてということは、もしかしたら、相手が納得しないのは私の言っていることにまちがいがある、あるいは説得力がないのかもしれない、ということを考えてみることが含まれます。

そして、私のほうが正しいと思っても、最終的には「衆に従いて同じく挙《おこな》え」と。これはいわば多数決原理です。古代ですからさすがに政治制度として代議制民主主義はやれないんですが、第一条と第十七条で、少なくとも群臣たちとは、聖徳太子も凡夫といういわば対等の立場で徹底的に話し合おう、と。それからちょうど真ん中あたり第十条で、「衆に従いて同じく挙え」、みんながそういう最終決断をしたのなら、最後はそれに従いなさい、と言われています。

しかしこれは、「付和雷同《ふわらいどう》」という言葉がありますが、そういうことを言っているのではありません。それからふつうに言われる「和」とは「まあまあ、難しいことは言わないで」とその場を丸めることで、『十七条憲法』を読みもしないで、聖徳太子もそういうことを言ったんだと思っている人がよくいるようですが、全然違うんです。心を開いて、徹底的に議論をするんです。事柄と真理が一致するところまでいけるように、心開いて徹底的に話し合う。

その時、まず自分が、私は正しいと思っているが、もしかしたらまちがっているのかもしれないと、自己絶対化をしないという視点を持たなければならない。それには、自らも凡夫であるという自覚を持とう、と。凡夫同士が、しかし菩薩でありたい・あろうということを目指しながら、和の国・日本をつくると、そう心がけていけば、それはきっと成就《じょうじゅ》するということです。

第十一条　信賞必罰による統治

第十一条は、もう一度ある種の法治主義というか、信賞必罰による統治ということを語っています。

十一《じゅういち》に曰《いわ》く、功過《こうか》を明《あき》らかに察《み》て、賞罰《しょうばつ》はかならず当《あ》てよ。このごろ賞《しょう》は功《こう》においてせず、罰《ばつ》は罪《つみ》においてせず。事《こと》を執《と》る群卿《ぐんけい》、賞罰《しょうばつ》を明らかにすべし。
〔第十一条　功績と過失を明らかに観察して、賞罰をかならず正当なものにせよ。最近は、功績に賞を与えず、罪に罰を与えないことがある。政務を執《と》る官吏たちは、賞罰を明快にすべきである〕

聖徳太子は、凡夫も菩薩も仏も根源的にはすべて一体・平等だという視点を持っておられて、そのことを第十条で言っていたわけですが、すると「すべて平等だからいいも悪いもないのか」と誤解しがちです。「どんなに悪いことをした人もぜんぶ受け容《い》れて許すのが仏教なんじゃないですか」なんて自分に都合のいいことを言う人がいるんですが、それはそうではありませんし、まして政治的なプロセスでそんなことをやったら、社会は大混乱です。

だから根源的にはどんな悪人もすべて仏に許されているという、いわば「共通の低み」のところと、にもかかわらず・だからこそ、縁起の理法にかなうかどうか、縁起の理法に沿ってつくられた法にかなうかどうかという善悪、これは必ずある。

そういう意味では、共同体にルールがあるのは当然で、共同体に貢献したら賞、共同体を壊すようなことをしたら罰、これをきっちりやらないと、共同体は共同体として成り立たない。

「共同体」というと、もう誰でも彼でもどんなダメな人でもぜんぶ受け容れますというのが共同体だというふうに、すごく甘く考える人と、それから甘く考えた上で「でも、そんなことはできない」と言う人がいるんですが、どちらも違うんです。人と人とがいたら、やはり共同体のルールができルールがあったら反する人がいる、貢献する人がいる。そうすると賞罰を明らかにするということなしには、共同体は成り立たない。

ですから、ここでは聖徳太子はまた法治主義的な語り方をしていますが、もう一回言うと、聖徳太子はできれば第四条で語ったような「おのずから治まる」、もう法律も倫理もごちゃごちゃ言わなくても、みんながそれぞれちゃんと生きていれば国が自然に治まる、そういう意味での自治国家になることを夢見ておられたんですが、現状はそうではないから、ではせめてリーダーが徳を示すことによって、人々がそれを真似《まね》る。そして礼ある国にしていきながら平和な国にしたい、と。

ここでコメントすると、室町時代とか江戸時代末期に、ヨーロッパから来た人たち、しかもアジアのほかの国々をずっと見てきた宣教師などの人たちが、「日本人ほど礼儀正しくて、優しくて、正直で、真面目で、親切で、勤勉でという、こういうすばらしい国民はいない」と褒《ほ》めちぎっていますが、日本はかつてそういう国だったんですね。

そして、日本がそういう礼ある国になった原点は、まさに聖徳太子の教えにあると思います。聖徳太子が最初に決めた建前があるので、紆余曲折しながらも、それでもリーダーたちも建前から完全にズレることはできなかったんです。

歴代の政治的なリーダー、宗教的なリーダーたちはブレたりもしていますが、やはりこの原点がどこかで大枠を決めていたので、立派な指導者も時々は出てくる。

お坊さんでいうと、トップのお坊さんたちがいて、聖《ひじり》的なお坊さんたちがいて、そういう人たちが日本の隅々まで仏教を伝えて回って、そしてそういうお坊さんたちに指導された民衆たちは、だんだんちゃんと礼義を心得た、善悪を心得た民たちになっていく。

そういうプロセスが、この時代からずっと、奈良、平安、鎌倉と続いて、室町期から安土桃山期にかけて、日本人はほとんど全員、神仏儒習合の仏教徒という国になっていきます。

それが制度化された徳川幕府は、いろいろな封建的な問題はありましたが、でも幕末に来た西洋人たちが、日本はすばらしいと絶賛しています。そういう国にいったん成ったんですが、まあ近代はちょっと失敗しました。

聖徳太子はそういう、理想は自治、そこまでいかないから徳治、それも今は現実性がないから法治、と段階的・漸進的に日本を和の国にしていくことを構想しておられたわけです。

法も、慣習法だと族長・豪族たちが勝手なことをするから、やがては成文法をつくらなければいけない。やがてその聖徳太子の命を受けて、隋・唐に行った人たちが帰って来て、律令国家をつくり上げていく、というシナリオがあるわけですが、とにかくここまでのところで、聖徳太子が政治のあり方についても、法治主義、徳治主義、自治主義という、非常に統合的な視点を持っておられたということがよくわかると思います。

第一条から第十三条までをとおして読んでいくと、国民がぜんぶ菩薩になって、菩薩になるとお互いに慈悲の心を持っているから、法で縛らなくても何かで縛らなくても、みんなお互いを助け合う、自治による平和と調和に満ちた美しい国になるはずなんです。しかし現状はみんなひどい凡夫ばかりですから、そうはいかないので、せめてリーダーたちから菩薩になり、でも行き着く先は菩薩たちの自治による平和と調和に満ちた美しい国、和の国・日本ということを、彼は夢見たわけですね。

私はよく言うんですが、「これは日本人の見果てぬ夢だ」と。まだ現実化していない理想だと思います。しかし「夢は見るものではなくて実現するものだ」といういい言葉がありますが、ただ見ていてもしょうがない。日本人は……トップリーダーが、こういう夢を一度は見たんですから、今私たちもその夢を共有して、今度は見果てましょう、見果たしましょう。見果てぬ夢に終わらせないで、これを私たちが見果たす、実現するというのが、一四〇〇年後の聖徳太子の精神的な「児孫《じそん》」——子や孫のことですが、私たちはいわば聖徳太子の精神的な児孫ですから——遠い遠い祖先の志を受け継いで実現するというのが、児孫のやる役割だと思うんです。

第十二条　愛民と妥当な徴税

十二《じゅうに》に曰《いわ》く、国司《くにのつかさ》・国造《くにのみやつこ》、百姓《ひゃくせい》に斂《おさ》めとることなかれ。国《くに》に二君《にくん》なし。民《たみ》に両主《りょうしゅ》なし。率土《そつど》の兆民《ちょうみん》は王《おう》をもって主《しゅ》となす。所任《しょにん》の官司《かんじ》はみなこれ王民《おうみん》なり。何《なん》ぞあえて公《おおやけ》と、百姓《ひゃくせい》に賦斂《おさめと》らん。

〔第十二条　もろもろの地方長官は、民たちから（勝手に）税を取り立ててはならない。国に二君はなく、民に二人の君主はいない。国すべての多数の民は天皇を君主とする。任命された官吏

はみな天皇の民である。公的な税のほかに私的な税を取り立てることが許されるはずはない〕

現代語訳のほうで見ておきますと、「もろもろの地方長官は、民たちから〔勝手に〕税を取り立ててはならない」。これは、豪族たちが、国司、国造という格好で、いわば国家公務員化されていくプロセスです。歴史家は、この頃には国司、国造などの官僚名はなくて、できたのは律令制度以後だから、したがって『十七条憲法』も作文だと指摘していますが、かなり不毛な指摘だなと思います。これがつくられた文章か聖徳太子の直筆か、歴史的事実として確認するのは、まあいいですよ。しかし、そこにどういう理想が語られているかを読み取らなければ、本質的には研究する意味そのものがないと思います。

最初の時に申し上げましたが、これは少なくとも『日本書紀』を編纂《へんさん》させた天武《てんむ》天皇と、編集長だった藤原不比等《ふじわらのふひと》、それからブレーンだった道慈《どうじ》、彼らにとっては、要するにまちがいなく国家理想だったわけですね。だから全文掲載したんです。『日本書紀』全体の組み立てを見るとわかりますが、全文掲載は、ページの割《さ》き方として異例・特別です。だからそれはぜひ全文掲載しておきたかったということでしょう。

ということは、聖徳太子が書いても書かなくても、天武天皇と藤原不比等という、飛鳥《あすか》から奈良にかけてのトップリーダーにとっては、これはぜひとも日本の歴史としてあとに残しておかなければならなかった国家理想なんですから、そこに何が書いてあるか、それをまず読まないとダメだと思います。

「民たちから勝手に税を取り立ててはならない」と憲法に書いてあること、これは重要ではありませんか？　慣習法だと、権力者・豪族が自分で勝手に民たちから「これぐらい寄こせ」と取り立てることができてしまうんです。

そもそも人間は群れを成す動物です。生産様式が原始的で群れが小さい間は、そんなに強力なリーダーは必要なかった。ところが、稲作になってきますと、本格的な稲作は大掛かりな水利とか畔《あぜ》づくりとかそういうことをやらないとできません。みんなが勝手に「オレはいつから田植えする」「オレは勝手にこう水を引く」などとやっていたのでは、大面積の稲作なんかできないんです。大規模の稲づくりのためには強力なリーダーが必要になる。

そうすると、順序でいうと、まず民たちの生活のために生産が必要、生産のためにリーダーが必要、リーダーには権力が必要、こういう順序で、共同体には権力が必要になってくるんです。でも、それはそもそも共同体・みんなの生活が成り立つために権力が必要だということです。人間共同体において権力者は必要なんですが、それはみんなのために必要なんです。

ところが、人間には無明《むみょう》の心があるために、権力者になるとあたかも自分のために民があるかのような錯覚が起こりがちで、しばしば権力者はそうなったようです。元々は順序が逆なんですが。民のための権力・権力者だったはずなのに、いつの間にか権力者のための民というふうになってしまう。

当時の豪族たちもこういう状態になっていたんでしょう。そういう状態に対して、「民たちから勝手に税を取ってはいけない」と。『十七条憲法』にこれが書いてあるのはすごいことだと思います。私たちが読まされた教科書には、左翼的イデオロギーを前提に「律令制は人民の搾取のシステムが出来上がったにすぎない」とか書いてありました。しかし、「勝手に税金を取るな」と書いてあるのが、なぜ搾取のシステムなんでしょうね。

しかも、共同体が成り立つと、共同財を維持するための費用つまり今ふうに言うと「社会的費用」は必ずいるんです。もっと今ふうに言うと「インフラ整備のための費用」は絶対に必要です。そのインフラはなんのために整備するかというと、共同体みんなのためです。だから、そのためにみんなから税を集めて、それを公共の益・みんなのために使う、これが税の本質ですね。だから、共同体において税はどうしても必要なんです。

まちがえていけないのは、日本では歴史的にいろいろな紆余曲折があったために、国民は何か「税金は無理矢理取られて吸い取られるだけのもの」みたいなイメージを持っていますが、国家共同体には必ず公的費用・社会的費用が必要なんです。そのためには当然みんなから税金を徴収する必要があるんです。しかし、それは必ずみんなに還元されるために取るんです。個々人ではできないことを共同でやるために税金はある。これはもう税金の原点です。

また少しだけコメントしておくと、スウェーデンではみごとにそうなっているようです。確かに税金は高いんです。高いけれども、基本的にすべてみんな・国民に還元されるから、国民はあまり文句を言いません。払っただけのことはちゃんと政府がやるので、受益感があり、「これだけやってくれるんだから、これだけ払うのは当たり前でしょ」という合意が成り立っています。

これについて、私はスウェーデンに行った時、いろいろなところで聞き取り調査をしました。

「本当にそう思うんですか？」と。例えば、日本にも今入ってきています家具のお店イケアの広い店の中を歩きながら、いる人をつかまえて「税金、高いんでしょう？　満足してるんですか？」と聞きましたら、「ええ、満足していますよ。だって、教育も安心だし、医療も安心だし、老後も安心だし、そのためには当然このぐらいかかるでしょう」と、聞いた人がみな口をそろえて言っていました。

たまたま子どもがいないという夫婦に出会って、聞いたら、「私たち二人だけでいうと養育費も教育費ももらえないからちょっと損だけど、でもそれが国民全体の安心になるんだから、それでいいと思う。それから、やがては私たちも年を取るんだから、これでいいと思う」ということでした。

だからちょっとぐらいのこと、目先だけで損したとか得したとか思わないで、国民みんながいわば政府にお金を預けておいて、預けたお金で政府が国民みんなの安心を保障してくれるという制度、それが税の本質です。だから日本もそうなったら消費税がかなり上がってもかまわないと思いますが、そうでないのに上げるのは同意できませんね。

聖徳太子は、そういう視点――国とはそういうものだ、共同体とはそういうものだという原点をしっかり押さえておられて、豪族・族長が自分の贅沢《ぜいたく》のために勝手に取るような税金は絶対にやってはいけない、と書いたわけです。

そういう勝手な税の取り立てを抑えるためには、より上位の権力が必要です。小権力者に勝手なことをさせないためには、より高次の権力が必要なので、そこで「国に二君なし」というわけです。つまり天皇という唯一の君主がいて「民に両主なし」、民の主君は天皇であっておまえたち族長ではないんだぞ、と。

そこだけ読むとまた「天皇絶対制か」と誤解するですが、そうではなく、「率土《そつど》の兆民《ちょうみん》」つまり国民すべて多数の民は「王をもって主となす」、つまり天皇を君主とする。「所任《しょにん》の官司《かんじ》はみなこれ王民《おうみん》なり」、任命された官吏はみな天皇の民である。これは、実は古代としては恐るべきことが言われているんです。「率土の兆民」というのはみんな・ふつうの平民ですね。ところが、「豪族たち・おまえたちも王民としては同じ民なんだぞ」と言っている。つまり、天皇を除くとあとはすべて同じく民だ、天皇の下、万民は民としては平等である、と。これはもう一息で立憲君主制の民主主義です。

だから、「何《なん》ぞあえて公《おおやけ》と、百姓《ひゃくせい》に賦斂《おさめと》らん」、公的な税のほかに私的な税を取り立てることが許されるはずはない、と。つまり妥当性・合理性のある税金は取りましょう。しかしそれ以外の勝手な税金を個々の豪族が自分の贅沢のために取り立てるなど、そんなことは絶対に許さない、という宣言がここにあるわけです。これはまさに高次の権力による低次の権力の乱用を防止するということです。

この場合、王・君はなんのために存在するかというと、天の代わりにすべての生き物、民を覆《おお》う・庇護《ひご》するために存在している。そのことを十分に踏まえて、サブリーダーたちが悪いことをするのを抑えるだけの権力を天皇が持つということです。

だから天皇制と言っても、聖徳太子が考えていることは、天皇はまさに天子であり、天から天命を受けて、民のためにいつも心配りをする、民の幸せのために民を庇護する、それがトップリーダーの役割だということです。

君主・天皇とは具体的には推古《すいこ》天皇に当たるわけですが、伝記的には、聖徳太子は推古女帝や馬子《うまこ》に向かって『勝鬘経《しょうまんぎょう》』というお経の講義をしたと言われています。これは王族の女性がお釈《しゃ》迦《か》さまに代わってお説法をするというお経です。つまり女性の菩薩ですね。しかもお説法が終わるとお釈迦さまは、「おまえの言ったとおりだ。すばらしくよく説いた。私の言いたいことと同じことを言ってくれた」と絶賛しています。つまりお釈迦さまと同格くらいの覚りを開いた女性が存在しうるというお経です。だから、推古天皇にも、「あなたが天皇であるというのは、この勝鬘夫人のような菩薩になるということでなければいけないんですよ」とお説教をしているわけです。まあ推古天皇がわかったかどうか、教養レベルはどうだったかはちょっと難しいところがありますが。

でもとにかく聖徳太子は、摂政《せっしょう》という立場に立った時、あえて馬子にも推古天皇にもお説教ができるというぐらいの宗教的な権威、それだけの人徳、聴かせるだけの力がおありだったんでしょうね。

ですからご自分もそうですし、推古天皇や馬子にも、トップリーダーは菩薩でなければならないということを言って、その菩薩がもっともトップにいて、そうでない人たち、サブリーダーたちを指導しながら、「おまえたち、勝手な税金を取ることは絶対に許されないんだぞ」というのが第十二条ですから、ここに表われているのは天皇絶対制などではなく「愛民」の思想だと思います。民たちを愛し、民たちのために勝手な税の取り立てはさせないという思想がここに表われているいると思います。

前にも申し上げましたが、聖徳太子はある段階から、飛鳥からかなり離れて斑鳩《いかるが》、今の法隆《ほうりゅう》寺《じ》のところに宮とお寺をお建てになって、そこに住んで、飛鳥の朝廷には黒い馬に乗って、いわば乗馬通勤をされたんですね。

ふつう都は風水思想に基づいて北が山に囲まれ南に開けているところが選ばれるんですが、飛鳥はなぜか南側が山で北に開けています。三本大きな道があって、山側から北に向かって右から上つ道、中つ道、下つ道とそれから横に一つあって、横大路、これが主要幹線なんですが、聖徳太子の通勤用に特別につくった道・「太子道」は主要幹線に対して斜めで、「筋違道《すじかいみち》」とも呼ばれています。その跡だと言い伝えられているのが、今でも一部残っていて途中、車の道路で分断されていますが、まだだいたい跡をたどれるようです。

私も一度歩いてみたいと思っていますが、地図で見ると直線で概算二〇キロくらいありそうで、かなり長いんです。ですから、御者《ぎょしゃ》が馬を引いていくので、いくら速くやっても時速四キロとか五キロとか早足でも六キロぐらいでしょう。ふつうに歩くと四時間くらい、御者も相当な駆け足で行っても二時間半以上かなという道のりの感じがしました。

のちの殿様が駕籠《かご》に乗るのと違って、馬に乗って歩きますから、当然、高い位置から庶民の生活がぜんぶ見えたでしょう。それをしょっちゅうやっているわけですから、庶民の暮らしがわかる。そうすると、行き来に農民たちの暮らしを見ながら、農民たちのことを思われたに違いない。

もちろん古代では身分差が激しいので、農民たちは尊い身分の人が来る気配《けはい》がしたら、どこかに隠れてみすぼらしい汚い姿は現わしてはいけないことになっていたんですが、でもやはりちらっと見えたりするでしょう。

それから、聖徳太子は、庶民のことをいつも心配しておられて、見かけると声をかけることもされたようで、伝説ですが、聖徳太子がある部落の道を馬で歩いておられ、村人たちが「太子さまが来られた」とわーっと集まって行ったというんです。ところが、のちに聖徳太子にもっとも愛されるお妃《きさき》になった少女だけは少し離れた小川のほとりにいて寄って来なかったので、太子が、「なぜ私が来てみんなは寄って来るのに、おまえは寄って来ないのだ?」と声をかけたら、「おばあちゃんに食べさせてあげるために芹《せり》を摘《つ》んでいました」と言うんです。それを聞いて太子は、おばあちゃん孝行の心に感じて「おお、やさしい心の乙女《おとめ》だな」と思ったのが恋の始まりだったという、なかなかいい伝説があって、その小川もあります。

もう今は汚くなっていて、行ってみてがっかりしました。あの聖徳太子伝説の小川をこんなに汚くしていて、奈良市は何をやっているんだろう、と私は思ってしまいました、有名な観光名所を整備するだけではなくて、こういうしみじみと「ああ、そういう伝説の場所なんだな」と思えるようなところもきれいにしておいてほしいな、と。「富尾川」といって、法隆寺からちょっと離れたところにあります。

そういうふうに身分の高い人が直接に庶民に声をかけるということは、とてもできない・やってはいけないという時代だったんですが、聖徳太子はそういうことをされたという伝説もありますし、実際なさったでしょう。

農民たちの困窮の姿を現場で見ていないと、「貧しき民は所由《せんすべ》を知らず」なんていう言葉は出てきません。貧しい民たちがちゃんとした裁判をやってくれないので困ってしまっているという状況を目《ま》の当《あ》たりにするから、あえてそのことを憲法に書いたんだ、と私は読みますね。

聖徳太子の愛民思想は、決してめそめそしたセンチメンタリズムではない。「あの人たち貧しくてかわいそう。いくら摂政といっても、私個人のお金でやってあげられることには限度がある。私は無力だな」なんていう、そんなセンチメンタリストではなくて、理想主義的現実主義、現実主義的理想主義の政治家ですから、彼らがその貧しさから少しでも救われるためにはどうすればいいか、社会的政策としては必要以上の税は取らない。社会的に必要な税は徴収するが、それ以上の重税取り立ては、豪族たちにも許さないという社会制度をつくっていくことによって、民たちの暮らしを少しでも楽にしてやろう、と。非常に現実的な愛民です。決して感情的・心情的に民を愛していますでも何もできません・やりません、そういう話ではありません。

戦前は、こうした部分は「一君万民の国体を明らかにして」、というふうに解釈され、「愛民」という言葉も使われました。国民は天皇陛下に愛されている赤子《せきし》、「あかご」であるというレトリックも使われたんです。

それから、第三条の「詔《みことのり》を承《うけたまわ》りてはかならず謹《つつし》め」と、このあとの第十五条の「私を背《そむ》きて公に向かう」という言葉などがすべて誤読され、天皇絶対制のイデオロギーになって、「天皇陛下万歳」で死ぬ兵士たちを育てたという側面も確かにある。そういうふうに使われた歴史的事実はあります。

しかしそういうふうに使われたから、本当にそういうことが書いてあるのかどうかは、本文をちゃんと読み直さなければならない。でも私も、先入観・アレルギーで、読みもしない・見るもけがらわしいという感じでいたのが、今こんなに尊敬しているとは、この変貌《へんぼう》はなんだろうと……（笑）。今や「こんなにすばらしいものが日本にあったのか」となっているので、我ながら驚くべき変化ですが……ここにはまさに現実的な愛民の思想・政策が表われていると思います。

先にも言ったことですが、日本はこういうところに原点としてすばらしい・いいところがある。「だったらこういう国を、もっと良くしよう、もっと良くしながら守っていこう」という情熱が、そこから出てくるはずです。戦前日本のやったことを自己弁護することによっては、本当の愛国心は決して出てこない。わが国のどこが事実として愛すべきなのか、それを発見して初めて愛せる。だから根拠のある愛国心でないとダメ。もちろん、「戦前日本は悪い事ばっかりしました」ではもっとダメです。それは元気なくなりますよ。

だから、どこがすばらしいかというと、聖徳太子の思想の中に日本の精神的原点がある。これは、ちゃんと読めば事実ですから、そうすると事実に基づいて日本は精神的にすばらしい国だったと言える。紆余曲折しながら、時代時代で、ある程度それを実現できたこともあった。でも実現しきれなかった。そして近代においては、大きな失敗をしてしまった。でもまだやり直しができる。なぜなら原点があるのだから、ということです。

これは心理学的に言うと、心が病《や》んでいる人と非行に走っている人、これは自己攻撃的になるか他者攻撃的になるかという方向の違いで、原理は同じなんです。自分を肯定できないから心が病むか、あるいは自分さえ肯定できないので他者も肯定できず非行をするかということで、人間が正常に生きるためにはまず自己肯定ができなければならない。つまり「セルフ・アイデンティティの確立」ということです。「自分はいろいろな欠点もあるけど、基本的にはいいんだ」と思えなかったら、「もっと良くなろう・なれる」「他者のためにもいいことをしよう」なんて気持ちにはなれっこない。国も同じです。「いろいろまちがいもあるし欠点もあるけど、基本的にはいい国なんだ」と思えたら、「もっと良くしよう」という気になれる。「他の国のためにもいいことをしよう」と思える。そういうふうに「自分の国は、基本的にはいいし、もっと良くなれる国だ」と思えれば、それは体を張ってもいのちをかけても守る気になれるわけですね。

第十三条　公務における共同

それから、聖徳太子が非常に現実主義的な政治家であることが、次のところでもわかります。

十三《じゅうさん》に曰《いわ》く、もろもろの官《かん》に任《にん》ぜる者《もの》、同《おな》じく職掌《しょくしょう》を知《し》れ。あるいは病《やまい》し、あるいは使《つかい》して、事《こと》を闕《おこた》ることあらん。しかれども知《し》ることを得《う》る日《ひ》には、和《あまな》うことむかしより識《し》れるがごとくにせよ。それ与《あずか》り聞《き》かずということをもって、公務《こうむ》をな妨《さまた》げそ。

〈第十三条　もろもろの官職に任命された者は、お互いに職務内容を知り合うようにせよ。あるいは病気になったり、あるいは出張して、仕事ができないことがあるだろう。しかし（復帰して）職務内容を知ることができたら、協力して以前からずっと了解し合っていたとおりにせよ。自分が参加せず話を聞いていないからといって、公務を妨げることのないようにせよ」

もろもろの官職に任命されたものは、お互いに職務内容を知り合うようにせよ、と。そもそも和の国・日本建設の共同プロジェクトの一役を買っているわけで、そういう意味での官吏の仕事＝自分の仕事なんですが、人間は無明の心がありますから、すべてのことを私《わたくし》したくなってしまう。公務についても悪い意味で「オレの仕事だ」という権利意識・利権意識を持ってしまうことがあります。

そして、たまたまどこかに使いする、今ふうに言うと出張するとか、あるいは病気になって会議の場にいないことがある。ところが、そこで何か決定されていたという場合、権利意識から、「そんなこと、オレ聞いてないぞ。勝手におまえたちが決めたんだろう、オレは知らないぞ」という態度になりがちです。こういうことは会社でもありますね。計画の場に自分が参加していなくて、「オレは話を聞いてない。オレのいないところでなぜ勝手に決めた」と。それが全体にとっていい決定かどうかではなく、「オレが聞いてない」ことのほうが気になる・気に障《さわ》る。この時代にも和の国・日本にとって正しい方向が示されたかではなくて、「オレが参加していない時に勝手に決めた」と権利意識でゴネる人間がいたんでしょう。

しかし、そもそも、その仕事は自分の仕事である前に公務であり、それぞれ和の国・日本建設に向かってどういう役割分担をしているのかをよく理解し合っていれば、出張から戻って来ても、病気が治って復帰しても、「ああなるほど、そういうふうに決まったのか」とわかったら、前から基本路線は了解し合っていたはずなんですから、その基本路線に沿って決定がなされた、「ああ、私は参加していなかったが、いい決定だな」と了解して、前からそのことをわかっていたかのように――「和《あまな》うこと」、「和」という字が当てられていますが――協力体制に戻りなさい、と。「それ与《あずか》り聞かず」、自分が参加せず話を聞いていないということで公務の迅速な遂行《すいこう》を妨げてはならない、と。

会社からグループから国に至るまで、役割を担《にな》った人がいい意味で「これは私の仕事だ」という責任意識を持つのはいいんです。しかしそうではなく、仕事に伴う権益を私してしまうことが多いんです。「オレの仕事だ、縄張りを犯すな」という権利意識・利権意識です。

今でも日本では、各省が省益で対立するらしいですね。国民のためにお互いがどういう役割を分担するかという話ではなく、省と省の利益が反すると、国民の利益に関係なくケンカしてきたらしい。それが事実だとすると、まったく恥ずかしい。公務というのがそもそもなんのためにあるのか、これを読みなさいと言いたい（笑）。

でも、ある意味でいうと常識というか、あるいはレベルが低いというか、こういうことを言わなければならないのが聖徳太子の時代の官僚だったので、一方で和の国・日本という高い美しい政治理想を掲げながらも、こんな低いレベルのこともちゃんと言っていらっしゃる。これは、聖徳太子が単なる理想家ではなく現実をよく見ていたということで、それに対して古代に可能な範囲で精一杯手を打ったということでしょう。

いろいろな著者の本で読んだのが、「『十七条憲法』は官僚に対する道徳的訓戒にすぎない」という言葉です。つまり大した意味がないという意味です。だけど、人間の行動の源泉は心にあります。心が歪《ゆが》んでいたら、たとえどんな社会制度をつくっても、必ず社会は歪みます。だから道徳的訓戒はとても大事なんです。特にリーダー、サブリーダーは、道徳を十分に身に付けていなければなってはいけないんです。でももうなってしまった人には、こういうふうに精一杯教えているわけです。だから「すぎない」なんてものではなく、最重要事項としてのエリート教育のテキストであるわけです。

だからここまですばらしいテキストを、「すぎない」とか、「これは近代の憲法とは全然意味が違う」とか、「民衆が参加できるようになっていないから、民主憲法のような価値はない」とか、そんなことを言うのが進歩的だと思ってきた知識人が山ほどいて、私も影響を受けて思っていて、本当に恥ずかしいことだったと思いますし、私も恥ずかしいですが、「先生たちはいまだに恥ずかしくないんでしょうか?」と思います。

ちょっと横道ですが、こういうことまで書かなければならないサブリーダーたちの姿を見ていたら、聖徳太子も時々うんざりしたでしょうね。もう止《や》めたくなってしまったかもしれないと思いますが、それでも止めないのは、菩薩《ぼさつ》だからです。でも、時々はやはり、お堂に籠《こも》ってたった一人で瞑想《めいそう》にふけって、俗事を忘れて心を浄化して、それから菩薩の自覚を取り戻して、「あの愚かな民たちを救うこと、あの愚かなサブリーダーも含めて民たちを救うことが私の使命なのだから」と気を取り直されたのではないでしょうか。だからやはり、夢殿《ゆめどの》のようなところにたまには相当長時間籠らないと、やっていられなかったと思います。でも、籠りっぱなしで山に逃げてお坊さんになったりはしないで、やはり泥にまみれながら汚れない人であり続ける。これは非常に難しい。「山に籠って一人清らかに」というのは、やればできないことはない。

私は、ある時までは良寛さまのような生き方が理想で、大学院の時、一年半鎌倉の奥の古いお寺の幽霊屋敷のような離れに籠ったことがあります。大学院になると授業数は少ないし、大学闘争で授業がないことも多いし、週一回、どうしても出たい授業だけにして、週六日間は山にいるという生活をしました。時々、必要最小限バイトに行くこともありましたが、その他は山に籠って瞑想生活をしていたんです。清らかな心にかなりなりましたよ。「ああ、やればできるじゃないか」と思いました。

一回してみたかったのでしてみたら、「おお、清々《すがすが》しい心になるな」と思ったんですが、でもやはりそれでは菩薩ではない。それは小乗・阿羅漢《あらかん》の道で、人々・生きとし生けるもののところに戻って来て、本当の救いのために働き続けるのが大乗菩薩なのだと学んだのと、また自分自身の好みとしても結局人里のほうが好きなんだなとわかったので、人里に降りました。

聖徳太子も、やはり結局人間がお好きだったんでしょう。それから、単に心情的にお好きだっただけではなくて、やはり菩薩としての、生きとし生けるものを救いたいという志を強く強く持っておられたのだと思いますが、それにしても、こんなことも書かなければならない、宴会《えんかい》を好むな、賄賂《わいろ》を好むな、朝遅れてくるな、勝手に早退するな……そんなことまで憲法に書かなければならないようなサブリーダーを相手にしてやっているのは、本当にうんざりしただろうなと思います。でも、そこであきらめないのが菩薩です。

第十四条　競争と嫉妬《しっと》のデメリット

十四《じゅうし》に曰《いわ》く、群臣百寮《ぐんしんひゃくりょう》、嫉妬《しっと》あることなかれ。われすでに人《ひと》を嫉《うらや》むときは、人《ひと》またわれを嫉《うらや》む。嫉妬《しっと》の患《うれ》え、その極《きわまり》を知《し》らず。このゆえに、智《ち》おのれに勝《まさ》るときは悦《よろこ》ばず、才《さい》おのれに優《まさ》るときは嫉妬《ねた》む。ここをもって五百歳《ごひゃくさい》にしていまし今賢《こんけん》に遇《あ》うとも、千載《せんざい》にしてひとりの聖《ひじり》を待《ま》つこと難《かた》し。それ賢聖《けんせい》を得《え》ずば、何《なに》をもってか国《くに》を治《おさ》めん。

〔第十四条　もろもろの官吏は、嫉妬があってはならない。自分が妬《ねた》めば、人もまた自分を妬む。嫉妬のもたらす災いは限界がない。それゆえに、(人の) 知恵が自分より勝っていると喜ばず、才能が自分より優れていると嫉妬する。そういうわけで、五百年経ってようやく今現れた賢者に出遭うことも、千年に一人の聖人を待つこともできない。(だが) 賢者・聖人が得られなければ、何によって国を治めることができるというのだろうか〕

賢者・聖人が得られなかったら、何によって国を治めることができるだろうか、と菩薩による政治を目指しておられたことが、ここでも非常にはっきりしています。

それを妨げる大きなものの一つが嫉妬です。これまた憲法に「嫉妬するな」と書いてある。人間の心の機微をつかんでいるというか、レベルが低いというか…（笑）…。嫉妬するのは自分と人とを分離しておいて、自分のほうが上でありたいという気持ちで人と比較して、人のほうが愛されている、金がある、才能がある……そうすると嫉妬という心が起こってくるんですね。これは唯識《ゆいしき》でも「嫉」として随煩悩（根本煩悩に従って起こる煩悩）の中に挙げられています。ほかのところを見ても、どうも聖徳太子は唯識まで知っておられて、それが十七条に反映していると思われてなりません。ここでも嫉妬という人間の問題点が、官僚たちの中の実際の問題を引き起こしていることを指摘しています。

私が、ほかの人が富を持っている、地位を持っている、才能がある、と羨《うらや》むと、またその人も、逆にその人が持っていない私のいいところを羨んだり、またほかの人が羨んだり……という嫉妬の悪循環がグループの中で起こる。そういう嫉妬のもたらす災いは限界がない、「嫉妬の患《うれ》え、その極《きわまり》を知らず」と。これもたぶん現状がそうだったんでしょう。

人の知恵がおのれに勝るときは悦ばず、「あいつは頭いいな、悔しい！」と（笑）。「あいつ才能あるな、くっそー」って落ち込む。「智おのれに勝るときは悦ばず、才おのれに優るときは嫉《ね》妬《た》む」と。

こういうことをサブリーダー間でやっていたのでは、五〇〇年に一度のすばらしい賢者が出てきても、うらやんで足を引っ張りたくなる。「あいつ偉そうなこと言ってるけど、大したことないんだ」と引きずり下ろしたくなって、その人をふさわしい地位に押し上げることができない。一〇〇〇年に一人の聖者が現われても、「あいつ変なやつだ、特殊なやつだ」と。

現代のような民主主義の時代であっても、嫉妬の心がある限り、ふさわしいリーダーをリーダーにしていくことは困難です。こういう時代だと、ますますそうです。

それをなんとかしようと、太子は『冠位十二階制』という、従来の豪族の権力関係ではなく国に貢献する能力に従って位を授ける制度をつくっておられます。これも何か身分制を制度化したみたいに誤解をする人がいますが、そうではなくて、国の政治にふさわしい能力に応じて冠位を授けるということです。

ですから、のちの人事採用を見ると、非常に低い身分出身の人もかなり高い位についています。中国の科挙制《かきょせい》のようにどんな平民でも儒教的教養を身につければ最高の官僚になれるという制度までは、日本は残念ながらできなかった。しかし、豪族の血を引いていればそのままいい地位につけるのでなく、国にどのくらい貢献する能力があるかによって位が決まるというふうにしようとされたのが、『冠位十二階制』です。

『冠位十二階制』は、仁・義・礼・智・信という儒教の五つの徳の順序を少し変えて仁・礼・信・義・智とし――それは義や智よりも礼や信のほうが重要だという太子の判断によるものでしょう――その上にさらに総合的な「徳」を加え、それぞれに上下があって六×二で十二になるんです。

もっとも徳がある人を「大徳」といって、一番位が上なんですが、その大徳に元々身分の低かった人も抜擢《ばってき》されています。だからそういうことのできる人事制度をつくろうというのが『冠位十二階制』だったようで、それは憲法だけではなくて、実際にそういう官僚の位をちゃんと秩序づける、しかも本当に民のために国のために貢献できる能力に従ってという施策だったようです。しかしそうやっても、嫉妬心があると、自分の名誉心のために昇進したい、自分よりも上の人は妬《ねた》む、妬むから足を引っぱりたくなる、足を引っぱりきれなかったら、今度はゴマをすって自分を引き上げてもらおうとする。

大きなプロジェクトに際して、権限が横並びに同じだったら話がまとまらなくてプロジェクトの遂行はできません。やはりプロジェクトの最高責任者は一人でないとダメです。それから中位のサブ・リーダーたちも一定数いて、それから下で働く人たちがいて、その全体が合意をして進むと大きな力になるんですが、下の人が「オレ下で損だ」と自分の損得で中間の人を妬む。中間の人がまたその上の人を妬む。そういうことをやっていたのでは、プロジェクトは大停滞してしまうでしょう。

そもそもプロジェクトのために上下関係があるのであって、これは目的のための階層制です。プロジェクトには必ず階層制が必要で、横並び平等で大プロジェクトは遂行できない。しかし、人間としての根本は平等です。

聖徳太子は「ともにこれ凡夫のみ」という「共通の低み」をちゃんと押さえた上で、でも役割上の上下はあることもちゃんと踏まえています。相対的な上下関係と絶対的な平等の両方がちゃんと成り立つんですが、相対的な上下関係を個人的な分別の目で見ると嫉妬が起こってくる。嫉妬があると、どんなにすばらしいリーダーがいてもリーダーが十分にリーダーとして振る舞えなくなり、プロジェクトもうまくいかなくなる。けれども、本当にすばらしい、それにふさわしいリーダーがトップにいるのでなければ、どうやって国が治まるのだ、と。「それ賢聖を得ずば、何をもってか国を治めん」と。

愚かなリーダーを選ぶ国は愚かな国になる。だから賢いリーダーを選べる賢い国民にならなければならない。今の日本は民主主義ですから、やる気があればできる。この時代は民主主義はないんですから、聖徳太子は現状を踏まえながら、せめて馬子その他の群臣たちに、「おまえたち、本心は嫉妬で動いて競っているのではないか。しかしそれでは本当に国をやっていくことはできないのだよ」という、まさに必要な訓戒をしているわけです。だから「訓戒にすぎない」なんて話ではないんです。本当に国をやっていくためには、リーダーやサブ・リーダーの心がちゃんと教育されなければならない、ということです。

第十五条　リーダー・エリートの進むべき道

さて、次は第十五条で、戦前、第三条に並んで大誤解をされたところです。

十五《じゅうご》に曰《いわ》く、私《わたくし》を背《そむ》きて公《おおやけ》に向《ゆ》くは、これ臣《しん》の道《みち》なり。おおよそ人《ひと》、私《わたくし》あるときはかならず恨《うら》みあり。憾《うら》みあるときはかならず同《ととのお》らず。同《ととのお》らざるときは私《わたくし》をもって公《おおやけ》を妨《さまた》ぐ。憾《うら》み起《お》こるときは制《せい》に違《たが》い、法《ほう》を害《やぶ》る。ゆえに初《はじ》めの章《しょう》に云《い》う、上下《じょうげ》和諧《わかい》せよ、と。それまたこの情《こころ》か。

〈第十五条　私利・私欲に背を向け公の利益に向かうことこそ、貴族・官吏《かんり》の道である。おおよそ人に私心がある時にはかならず人を恨むものであり、恨みを抱けば共同できない。共同しなければ、私心で公務を妨げることになる。恨みが起これば、制度に違反し、法を侵害することになる。それゆえに最初の章で、上下和らぎ協力せよ、と言ったのである。それもまた、この心を述べたのである」

要するに、私利私欲に背を向けて公の利益に向かうことこそ、貴族・官吏の道である。およそ人に私心がある時には必ず人を恨むものであり、恨みを抱けば共同できない。共同しなければ私心で公務を妨げることになる。つまり先ほど申し上げたことがさらにここでもう一回、いわば追い討ちをかけるように、「諸君の仕事はそもそも公の仕事なのだ。だから私心を捨てて公の利益に自分の心を向ける、それがエリートの道なのだ」と。

ところが人間というものは、私心・無明の心、マナ識・エゴイズムがあると、自分がうまくいかないと必ず人を恨むようになる。そういう心があると一緒にやっていくことができなくなる。一緒にやっていくことができないと、私心で公務を妨げることになる。私心でやっていると、人が私の権益を犯したとか、オレと違うことを考えているとか、いろんなことで仲間割れが起こるわけです。仲間割れが起こるということは結局何をやっているかというと、そもそもの公務を妨げているんです。

だから、心を開いて議論はしなければいけないんですが、仲間割れをしては、そもそも公務を妨げることになる。だから議論をしているのか仲間割れをしているのかよく自覚しなければならない。

現代の日本でもしばしば、私心で「オレが絶対に正しい」とか「オレのこの権利・権限をほかのやつが犯した」とか、例えば「この件に関する、この道路に関する決定は国がやるべきで、地方は口を出すべきではない」とか、いろんな話で、地元住民のために道路をつくっているはずの話がふっとんでしまうとかいう話が起こってきています。そういう私心で本当の意味での公務を妨げるということがたくさん行なわれてきました。そして実際に、恨み心を起こし、制度に反し法を侵害するようなことまでやってしまう官僚たちもいるようです。

だからこそ、「上下和諧せよ」と第一条で言ったではないか、と聖徳太子はここで念を押されるわけです。心を開いて……心開いてとは、心を開いて議論をしなさいということで、まあまあなあなあで仲良くしなさいとは言っていない。心を開いて議論するのと、私心でケンカするのは大違いです。私心でケンカしているのは、それは本来の公務を妨げていることであり、すなわちあなたのエリートとしての道を誤っているんだよ、と。

ここの「私《わたくし》を背《そむ》きて公《おおやけ》に向《ゆ》くは」——戦前は「背私向公《はいしこうこう》」と読みましたが——という言葉は「滅私奉公《めっしほうこう》」という意味に読まれたんです。昔ふうの言い方で言うと、「万世一系」の天皇を戴く「万邦無比《ばんぽうむひ》の国体」に身命を惜しまず忠を尽くす、と。NHKラジオ放送の五十嵐祐宏さんの言葉だと、「名もなき民の心を尽くして皇運を扶翼《ふよく》し奉ること」、要するに忠君愛国、天皇陛下のために死ぬという話がここに書いてあるんだと読まれたんですが、それは大違いです。

でも戦前は、この背私向公と無我の心とそして滅私奉公は同じだと言った仏教者が山ほどいました。市川白弦先生（元花園大学教授）という方が、非常にていねいに文献的証拠を挙げて『日本ファシズム下の宗教』と『仏教者の戦争責任』という著作を書いておられて、これは今、法藏館版の著作集で入手可能です。単行本は絶版ですが、古本で探せばあるかもしれませんし、図書館で探せばあると思います。

私は二冊とも何度も精読してがっくりきました。戦前の○○宗管長から宗務総長から仏教大学の一流の教授・学者連から、ほとんど例外なしに「天皇陛下のために死ぬことが無我です」といった発言をしています。少数の例外だけ、ひそかにそうではないと思っていたが、公に反対はしなかった、と。公に「それは違う」と言えた人はいないんです。

だからいかに日本の仏教徒たちが——本人たちは、単に権力におもねったのではなく本気でそう思ったり、山本七平《やまもとしちへい》さんの言葉を借りれば時代の「空気」には逆らえなかったということかもしれませんが——時代を読むことができなかったか、こういう箇所を読むことができなかったかということですが、この「公」は、聖徳太子の心からいっても語源からいっても「大きな家」という意味です。つまり国家共同体です。国家とはまさに「国の家」と書くように国民みんなの家でなければならないという意味が「公」という言葉にはある。

ちょっとだけまた先取りして言うと、スウェーデンの戦中から戦争直後までの首相を務めたハンソンという人が、「国民の家」という思想を掲げているんです。「国家は国民の家でなければならない」ということをはっきり言って、それが福祉国家の思想的な礎《いしずえ》になっています。つまり「国民の家」としての国家はみんなが幸せになれる福祉国家でなければならない。当然ですね。

国のトップが「国民の家」という理想を掲げて、実際「国民の家」としての福祉国家を築いたというのが、戦中から戦後にかけてのスウェーデンの歴史です。これは国としては輝かしい歴史ですね。世界のお手本だと思います。

でも、日本は理想としては同じ理想、私心を捨てて公に向《ゆ》くことこそまずはエリートたちの道だ……もちろん国民もそうなんです。だから役割上、上と下がある。でも心は開いて一つになって、そして本当に真理に沿っているのかどうかを徹底的に話し合って、そして和の国・日本をつくろう、と。そういういわばメッセージ・呼びかけですね。それが『十七条憲法』。その思いを込めて「それまたこの情《こころ》か」と言われています。

これは実際に群臣の前でちゃんと公表されたか、それとも「聖徳太子はお書きになったけどそのままにメモにとどめたんじゃないか」という歴史家もいるんですが、はっきりそれがわかる史料は残っていませんから推測にすぎません。

この『十七条憲法』がもし発布《はっぷ》されたとすると、ちょうど飛鳥小墾田宮《あすかおわりだのみや》が新築できたお正月です。今、飛鳥小墾田宮跡と推定されている場所は田んぼの中に松の木が一本立っているだけで、それも推定されているだけなので、しっかりした石碑がないんです。注意して見ると道端に「飛鳥小墾田宮跡と推定されている」という小さな立て看板があるだけ。よく資料を調べていって、それを見て「ああ、ここだな」と思うようなところなんですが、でもそこに木の香も新しい宮が建って、そこでみんなにこれが発布され条文の朗読がここまできたところで、憲法の中に「それまたこの情か」――しかも「情」という字です――という言葉があったわけです。

それを深く感動して聴いた少数の聖徳太子の心がわかる人と、それから馬子たちは立場上はいちおう臣ですから、形式的に頭は垂《た》れて聴いていたりしていたんでしょうが、腹の底では「何きれい事を言ってるんだ。結局は、力のある者が勝ちなんだよ」みたいに思っていたでしょう。それからもうちょっと力のない中間派で、「やはり結局は力が正義になってしまうんだろうな。聖徳太子の理想はかっこいいが、でも無理だよなあ」というふうに思っている人が大多数だったでしょうね。少数の忠実な直属的な人たちだけが感動を持って聴いたんだと思うんですが、私たちはそのどのグループに入るでしょう。それは、まさに今日の私たちにも問われていることではないでしょうか。

第十六条　民のための統治

十六《じゅうろく》に曰《いわ》く、民《たみ》を使《つか》うに時《とき》をもってするは、古《いにしえ》の良《よ》き典《のり》なり。ゆえに、冬《ふゆ》の月《つき》に間《いとま》あらば、もって民《たみ》を使《つか》うべし。春《はる》より秋《あき》に至《いた》るまでは、農桑《のうそう》の節《せつ》なり。民《たみ》を使《つか》うべからず。それ農《なりわい》せずば、何《なに》をか食《く》らわん。桑《くわと》らずば何《なに》をか服《き》ん。

〔第十六条　人民を使うに時期を選ぶのは、古来の良いしきたりである。それゆえ、冬の月に暇があるようなら、民を使うべきである。春から秋に至るまでは、農繁期《のうはんき》である。民を使ってはならない。いったい農耕しなかったならば、何を食べるのであろうか。養蚕《ようさん》しなければ何を着るのであろうか〕

民たちを使うのは農閑期《のうかんき》でなければならない、これはもう当然、中国古典の話ではありません。日本の農耕共同体の慣習法ですから、神道と関わった掟《おきて》ですね。共同体の中でリーダーが農耕以外の共同体のための仕事をさせるのは、農閑期ならばいい、「冬の月に間《いとま》あらば、もって民を使うべし」。しかし、「春より秋に至るまでは、農桑《のうそう》の節《せつ》なり」、田んぼを耕したり桑《くわ》をとってお蚕《かいこ》さんを飼ったりする時季であるから、民を使ってはいけない。これは、現場を知らなければ言えない台詞《せりふ》でしょう。もし百姓たちが農業をしてくれなかったら何を食べるんだ、百姓たちがお蚕をとって絹を織《お》ってくれなかったら何を着るんだ、と。貴族も含めてすべての生活の基礎は民たちの労働にある。その労働をしている民を豪族の長が自分の勝手な都合で「うちの屋敷《やしき》をつくれ」、「修理しろ」、「古墳《こふん》をつくれ」――馬子などはそういう使い方をしていたようです――そういう勝手なことをしてはいけない、ということです。

これは、非常に具体性のある愛民です。ただ心情的に愛するのではなく、まさに民たちが農民としてどういう生活をしているか、それに対して豪族たちがどういうことをやっているか、その現場を見ているから、そうであってはならない、と。民衆の現場、その苦しみをよく知っていて、それを少しでも良くするためにどういうふうに制度が整備できるか、そのためには官僚たちにどういうふうに倫理・道徳教育をしなければいけないか、と。

これは、本当にレベルが低いんですが、レベルが低いからといってもう嫌気《いやけ》がさして――「私は政治に関心がありません。投票に行きません」なんていう国民が今日本にいっぱいいますが――しまったりはしないんです。確かに政治の現場は実にレベルが低い。でもそのレベルの低い政治の現場を逃げたら、社会全体は決して良くならない。だからその低いレベルのところに敢《あ》えて踏みとどまって、わずかでもレベルをアップしよう、と。で、行き着く先は理想の国をつくろう、と。それを決してあきらめない、というのが聖徳太子の姿勢だったと思います。

こういううんざりしても当然くらいの状況で嫌《いや》にならないでやれたのは、単に個人的に偉かったということだけではなく……もちろん個人的に偉かったでしょうが、そこに菩薩《ぼさつ》という理想が聖徳太子の中にあったからだと思われてなりません。でなかったら止《や》めてしまったでしょう。こんな愚か者たちを相手にしている暇があったら、摂政《せっしょう》として皇族としてもう少し贅沢《ぜいたく》して、もっと優雅な芸術生活か何か、平安貴族みたいなことをやって、自分の教養は高い、趣味はすばらしい、民たちは飢え死《うじ》にしているが、そんなことは知ったことか、とね。平安の貴族たちはけっこうそういうことをやったようですね。

しかし、聖徳太子は、現場をよく知りながら、民たちのことを思いながら、自分がほぼトップリーダー、でも自分一人ではなくて、名目上トップリーダーは推古天皇、実際的な権力でいうと馬子、でも建前的には自分が相当発言できる、その立場を利用して、民たちのためにできることをできるだけやっておこう、とにかく日本の建前だけでもつくっておこう、と。

建前というのは本音《ほんね》といつも違うんですが、でも本音をいい意味で縛るんです。建前はこうでなければならない、実際はこうだが、でも本当はそうしなければならないんだ、と。

わかりやすいので「建前」と言いましたが、むしろ「理想」と言ったほうがいい。理想はいったん掲げると、あとの人はもうそれは取り下げられないんです。歴史的事実として残ってしまっていますから、たとえ「『十七条憲法』は聖徳太子の書いたものではない」とか言って歴史的な価値を貶《おとし》めようとしても、そこに書いてある思想の高さは落とせない。これが日本の歴史の中にあったという事実は消せません。

すばらしい公的な文書を残しておくことの意味を、聖徳太子はもうすでに早い時期に気づいておられたんだと思います。だから、たとえ今すぐ実現できなくとも掲げておこうとされたんでしょう。

そして、私たちが今、再発見したら、やはりこれは原点として帰ることができる国家理想です。もしこれを書いておいてくれなかったら、馬子のような政治が実態でとどまったら、あと日本の歴史はどんなことになったかわからないし、それから何よりも私たちには帰るべき原点がないことになります。

スタートからしてレベルが低い国は、さかのぼればさかのぼるほどアイデンティティ（主体性）確立が困難になります。自分の国の歴史の古いところを探ったら、「わが国ってくだらない国だったんだなあ。いくら頑張っても、元は卑《いや》しいんだよなあ」と。

けれども、「世が世ならこんなに貴い身分だったんだ」（笑）と言えるのなら、「今からもう一回頑張ろう」という気になれます。どんなにさかのぼっても国の始まりが卑しかったら、なかなかやる気が出せません。そうではなくて、さかのぼればすばらしいというのは、そこからやり直せるということですから、有難いんです。そういう意味で、私はもうだんだん『十七条憲法』への感動が深くなってきました。語れば語るほど本当に感動なくして語れなくなってきましたね。

第十七条　独裁制の否定

最後のところ、聖徳太子が古代という限界の中で限りなく民主主義に近づいていたというところです。最初に「論《あげつら》うべし」をもう一回ここでおっしゃいます。

十七《じゅうしち》に曰《いわ》く、それ事《こと》はひとり断《さだ》むべからず。かならず衆《しゅう》とともに論《あげつら》うべし。少事《しょうじ》はこれ軽《かろ》し。かならずしも衆《しゅう》とすべからず。ただ大事《だいじ》を論《あげつら》うに逮《およ》びては、もしは失《しつ》あらんことを疑《うたが》う。ゆえに衆《しゅう》と相弁《あいわきま》うるときは、辞《こと》すなわ理《り》を得ん。

〔第十七条　そもそも事は独断で決めるべきではない。かならず、みなと一緒に議論すべきである。小さな事は軽いので、かならずしもみなと相談する必要はない。ただ大きな事を議論するに当たっては、あるいは過失がありはしないかと疑われる。それゆえにみなと互いに是非を検証し合えば、その命題が理にかなうであろう〕

『十七条憲法』では天皇制イデオロギー・天皇独裁が語られているなんて大誤解です。それどころか、結論のところには「それ事《こと》はひとり断《さだ》むべからず」、「独裁はいけない」と書いてあるんです。最初のところにもちゃんと書いてありました。一番大事なことは最初か最後に書きますね。ところが、最初にも最後にも書いてある、「勝手に決めるな」と。それは天皇でも勝手に決めるなという意味でしょう。「かならず衆とともに論うべし」、みんなと一緒に議論をしなさい。徹底的に論うんです。

ただ、公務でも日常業務、「少事はこれ軽し」です。だから自分の職務権限範囲で即断即決で決めないと、細かいことまでいちいちみんなで相談していた日には事は進まない。だから職務権限範囲で日常業務はどんどんやっていきなさい、と。

しかし大きなことについては、決して独断専行してはいけない。万一方向をまちがえると、それは共同体全体が非常な被害をこうむるからです。ここでもちゃんと共同体全体、公の利益のために、だから大方針については勝手に決めるな、みんなでとことん話し合いなさい、と言っています。

自分であっても、もしかしたらまちがえるかもしれない。「もしは失あらんことを疑う」、凡夫ですからね。だからみんなの知恵を寄せ集めて、そして心を開いて徹底的に、「相弁《あいわきま》うる」……この「弁うる」というのは弁別するということです。是非を、正しいか正しくないかを検証し合う。それを徹底的にやったら、辞《こと》というのは命題という意味で、こうしようという大方針を言葉にしたものですね。それが宇宙の理、縁起の理法、空《くう》にかなう、と。コスモス（宇宙）の理に沿って人間の計画・計画表の言葉が決められていったら、それだったら一見どんなに困難なことでも必ず実現するということです。宇宙の理に沿えばどんなことでもできる。宇宙の理に沿わなかったらそれは必ず失敗する。国の建設というのはそもそもそういうものなんだ、ということですね。

ですから、日本が、「東日本大震災」から復旧・復興し、「新しい日本」に生まれ変わることができるかどうかは、いかにみんなの知恵を寄せ集め、心を開いて徹底的に話し合いができるかどうか、にかかっているわけです。

聖徳太子は第二条のところで「篤《あつ》く三宝《さんぼう》を敬《うやま》え」、すなわち仏教的なコスモロジー（宇宙論）を日本のコスモロジーにしましょう、しかし決して儒教も否定せず神道も否定せず神仏儒習合のコスモロジーを日本のコスモロジーにしましょうという大事を「一人で勝手に決めているのではないか？」という気がしますが、私はこの『十七条憲法』は「こういう事で一緒に合意して和の国・日本を一緒につくろうじゃないか、君たちどう思う」という群臣たちに対するある意味では提案書だとも言えると思います。聖徳太子の基本姿勢からいうと、決して「これは絶対正しいのだから、おまえたちは黙ってついて来い」ということではないでしょう。

だからこそ最後にもう一度、「かならず衆《しゅう》とともに論《あげつら》うべし」「ただ大事《だいじ》を論《あげつら》うに逮《およ》びては、もしは失《しつ》あらんことを疑《うたが》う」、「私もここまで言ってみたものの、私の提案もまちがっているかもしれない。だから最後に決めるのは私一人ではなくて、みんなで徹底的に議論をしようじゃないか」と。徹底的に議論する場合、私心でディベートするんではなくて、心開いてディスカスをして、そしてディスカスをした結果、みんなの言っていることが真理に基づいて合意に至る。真理に基づいて合意に至ったら、それは一見どんなに困難に見えても必ず実現するでしょう。

人間というものが宇宙の一部であり、人間共同体は当然、そのコスモスの理《ことわり》に貫かれていますから、人間共同体はコスモスの理に従って形成すべきなんです。それを具体的な形で語るとしたら、まさに和の国でなければならない。人と人とが平和に、人と自然とが調和に満ちて……これがまさに永続しうる持続可能な国家ですね。ですから、持続可能な国家をつくるということは、まさに天地・コスモスの理にかなっていると思います。そういうことを今、提案しているこの大事に関して、「でも一人で決めようとは思っていない、ぜひ議論しようじゃないか。これはたぶん正しいと私は思うから、ぜひ協力してほしい、ぜひ理解してほしい」という呼びかけなのではないかと思います。

町から、県から、そして国全体を持続可能にするには、まさに「和」という理想が必要だと思います。単に環境技術でとか社会システムとしてというだけでなく、そもそもハートがなければ実行・実現する情熱が湧《わ》いてこないからです。

日本人が「いい国をつくりたい」という情熱がどこから出てくるかといったら、やはりアイデンティティ（主体性）でしょう。そのアイデンティティの源泉はここにあるので、ここに立ち返って、「日本人、やはりもう一回すばらしい国をつくり直そう！」となった時、具体的な形としてスウェーデン・緑の福祉国家は相当にお手本になると思っているわけです。

ただ、かつてスウェーデン人の心の支えになっていたのはキリスト教だったんです。今は社会民主主義・ヒューマニズムでやっていますが、神さまはいなくなってしまった国なので、このまま行くとニヒリズム・エゴイズムがやがて蔓延《まんえん》してきて、国民がミーイズム（自己中心主義）になってくるおそれがある、そうなったら、連帯の精神を原動力にした「緑の福祉国家」という理想はどこまで実現・徹底できるだろうかと、ちょっと心配をしているんです。やはり人間には心を支えるものが必要ですからね。

幸いなことに日本は原点があるので、ここに返ってもう一回やり直したら、スウェーデンよりすばらしい国を近未来につくれるかもしれません。日本人はその潜在的可能性を十分持っている、と私は単に信じているんではなくて、確実に認識・把握《はあく》しています。その原点がこれです。

しかし、今多くのリーダーや知識人は、スウェーデンの話を始めたらすぐ、「ああ、あれは小さい国だからできたんじゃないですか」なんて言う。この間参加したシンポジウムでもそういうことを言う環境問題の専門家がいましたので、申し上げたのは、「スケールの問題ではなくて、システムの問題なんです。経済と福祉と環境がみごとにバランスが取れるような社会システムをつくっているんです。だから、スケールが大きくなって、同じモデルでスケールが大きくなった分、若干修正すれば、十分適用可能だ、と私は思います」と。

「スウェーデンは九〇〇万人だからできるので、日本は一億三〇〇〇万人でスケールが違うからモデルにはなりません」と言う人には、「大きなアメリカをモデルにしたら、うまくいったんですか?」「EU(欧州連合)は全体で持続可能なEUづくりを本気で進めていますが、EUは小さな国ではありませんよね」と言いたいですね。

その先の話は次回ということにしたいと思いますが、もう一言だけ繰り返すと、過去にさかのぼってこういう理想を再発見し、未来に向かってスウェーデンのようなモデルを参考にしながら、もう一度日本をすばらしい国にするということは、日本人には必ずできると思います。

気がついている人はまだ少ないいんですが……でも変わると思います、変わる時には。

第五講

指導者の心をどうやって浄化するか

『十七条憲法』とスウェーデンという、一般的に言うと「なんでこんなものが一緒に論じられるのか」（笑）と思われるようなテーマについてお話をしています。前回で『十七条憲法』に区切りがつきましたので、今回からスウェーデンですが、先に、今までにも申し上げましたが、なぜ『十七条憲法』とスウェーデンなのかということを再確認しておきます。

今、日本という国はさまざまな問題を抱えていますが、主権政党・政府も野党も、中長期、日本をどうすればいいのか・どうするのかという大きなビジョンを持っていない。そして、そういうビジョン無しのリーダーの舵《かじ》取りではこの先日本はどこへ行ってしまうかわかりません。

特に環境は、人間の経済活動も含めてすべての生命活動の基盤ですから、環境が崩壊することは人間も含めてすべての生命が危機に瀕《ひん》していくということで、環境の専門家は早くから非常に深刻だと警告していますが、日本の政・官・財、多くの思想家・知識人も、認識と対応が不十分だと思えます。

早い時期の代表的な危機の警告としては、みなさんもご存知の「ローマ・クラブ」――政界・財界・知識人等がローマに集まって会をやったので「ローマ・クラブ」という――が一九七二年に出した『成長の限界』という本があって、このまま経済成長を続けていくと、環境も含めて、いろいろな意味で、世界は持続不可能になるということを強く警告していたんですが、世界の先進国は全体としては、その警告を聞くだけは聞いたけれども、それに対する適切な対応はしない・できないまま過ごしてきているんじゃないかと思えて、本当に困ったものだなと思っていたんです。

そう思ってはいたんですが、私は環境問題もそれ以前の社会主義という問題も含めて、人間の心が財欲とか権力欲とか名誉欲とかに囚《とら》われている限りは、どういうシステムをつくってみても、必ず堕落・腐敗してしまうと考えて、まずとにかく人間の心をいかに浄化できるのか、できるとしたらどうすればできるのか、主にそういうことをテーマとして研究してきたんです。

よく誤解されるんですが、それは、「心の専門家」になりたくてやってきたということではないんです。ですからよく「ご専攻はなんですか」って聞かれて、「いや、出身はキリスト教神学ですが、その後仏教をやって、心理学をやって、現代科学のコスモロジー（宇宙論）も学んで、エコロジー（生態学）も学んで、スウェーデンのことも調べて……」「で、結局何が専攻なんですか？」と聞かれるので、「いや、そもそも何かを専攻しようっていう気持ちは最初からないんです」と。

そうではなくて、一つは人間の心の問題……個人的なことでいうと、私は小さい時から「死の恐怖」を感じていて、「死の恐怖を」どう克服するかというのがはっきり意識的に一番大きい自分のテーマだったんです。

それから社会的テーマとしては、小学校の低学年頃に学校で無理矢理見せられたんですが……

これはもうまさに無理矢理見せられたという感じですが、原爆映画を学校の授業の一環で見せられまして、もうすごいショックを受けて、何日間かは寝込みそうなぐらい鬱《うつ》になりました（笑）。

それで私は家庭がキリスト教の家庭だったものですから、それをアメリカが悪いとか、それをやられるだけのことを日本がやったとかという、そういうふうな目でものを見ないで、これこそ人間が人間をかくも悲惨な形で殺す「原罪」だという考え方で捉《とら》えて、「どうもこの原罪は人間自身の手ではどうにもならないな」という感じで、キリスト教で罪を償《つぐな》うのを「贖罪《しょくざい》」と言いますが、だんだん年齢が上がるにつれて非常に積極的に、イエス・キリストの十字架による贖罪以外には人間の原罪を片付ける方法はないという思いが強くなりました。

家庭がプロテスタントでしたから、幼児洗礼ではなくて自分で判断できる年になってから信じるかどうかを聞かれるんです。私の父もそれを非常に重んじてくれて、教会の教会学校というのがあったり聖書研究会があったりするのに参加は強制されなかったんですが、でも私は主体的にずっと父のやっている教会のプログラムにほとんどぜんぶ参加していました。人数が少ないので「枯れ木も山の賑わいじゃ」と言われて、婦人会にまで参加していました（笑）。

高校生になって、自覚的に決断をして洗礼を受けて、それから進学の時、まだ神学部に行くところまでは決心していなかったんですが、父は非常に根気のいい人で、決してお尻をたたいたりしないんです。でもその父も、高校三年の十一月になっても私が志望を決めていなかったので、さすがに心配になったらしくて、一言だけ「おまえどうするんだ」って聞いたんです。

聞かれて初めて考えました。ふだんから親父に「とにかく世の中の役に立つ仕事をしろ。世の中の役に立つ仕事の中にはまず主に三つある。それはぜんぶ『師』がつく。医師と教師と牧師だ」と言われていました。なかなかうまいこと言うでしょ？（笑）。まあ医師になる気もないし能力もないし、そうするとあとは教師と牧師だなって思っていたので、「教師か牧師かな」と言ったら、父は喜んで「じゃあ牧師になれ」と。言われて私も抵抗感はなく、「あ、じゃあ牧師になろうか」っていう感じで神学部に行くことに決めて、関東学院大学神学部に行ったということなんです。

ちょっと自分のことを語ってしまっていますが、そういう時にずっと一貫して私の中にあったのは、とにかく人間が戦争をやるといった問題を人間自身では解決できないいんじゃないいんだろうか、という思いで、それがキリスト教を本気で信じた大きな理由なんです。

それからもう一つは、キリスト教を信じると死んだあとに天国に行けることになっているので、死の恐怖の解決がつく、信じられればね。でも近代科学的なことをだんだん高校から大学にかけて勉強すればするほど、地球は丸いですから、空の上のほうに天国があるわけじゃないし（笑）……等々ということを勉強しているうちに、いわゆる神話的なキリスト教は信じられないというふうになりました。

それと並行しながら、いくつか読書体験がありました。日本は原爆でひどい目に遭っているんですが、でも日本も中国でひどいことをしたんだという話を聞いて、「三光作戦」とか「南京大虐殺」とか「七三一部隊」などの記録を大学一年生の時にざっと読んでしまったんです。で、（いろいろな方の意見があるのは承知していますが）「これはひどいな」と。アメリカもひどいけど日本もひどい。

それに加えて兄から「フランクルの『夜と霧』という本を読んでみろ、いいぞ」と言われて、これはあとで実はフランクルの思想のほうが大事だということがわかったんですが、その時はアウシュヴィッツ体験記として読んでしまった。ナチス・ドイツのやったこともひどい、と。

とにかく人間とはこういうひどいことをやる存在で、もうどうにもならないんじゃないかと思っている頃に、ちょうど大学闘争の時代で、私と同世代の学生たちはマルクス主義――といっても日本共産党型のマルクス主義じゃないので「新左翼」というんですが――新左翼の考え方を持った学生たちが、いわば大学を暴力的に解体しようみたいなことを言っているさなかに暮らしましたので、彼らの考え方や、やり方に直面せざるをえない。そういうやり方はどうも直感的にまちがっていると思うんですが、まちがっていると言えるためには、相手の理論をちゃんと知らなければいけないので、マルクスの『資本論』を、当時文庫本で一〇数冊ありましたが、ぜんぶ何回も読みました。のちに『資本論』の講義ができるぐらいになりました。もう今は忘れてしまいましたけど、でも取り出してちょっと読み直せばまたできると思います。それからレーニンも、『国家と革命』とか『帝国主義論』とか、主な著作は読んで、議論する時に「おまえ、そもそも『資本論』を読んでものを言っているのか?」とか「レーニンの『帝国主義論』に書いてあっただろう、こういうことが」というふうなことを言いながら、「でもそれはこういうふうに違っていると思うよ」みたいな議論をしながら、学生時代を過ごしました。

やがて仏教に出会いましたが、仏教がキリスト教と決定的に違うのは、キリスト教では原罪は人間の手では片づけられないことになっています。仏教は、無明は修行をしたら智慧に変わることになっている。だから、ある意味でいうと人間が自分で片づけられる。人間の努力では片づけることができないのが正統キリスト教、人間が努力次第で人間の少なくとも個人レベルの根本的問題は解決できるというのが仏教です。そして、仏教のほうが、そういう意味で希望があるし、それだけではなくてそれにちゃんとした論理があるわけです。

特に唯識《ゆいしき》を学ぶと、人間の深層心理の問題として無明を解明していて、その無明をどうやったら智慧に変えられるかの方法論的な見通しもちゃんと付いている。だから「ああ、人間の心って浄化できるんだ」というふうに考えが変わってきました。

個人の心が浄化できるならば、その浄化された心のある人が社会の指導者になれば、いい国やいい世界をつくれるんじゃないか……これは、話をわかりやすく単純化して言っています。難しい国家論などの格好で語ることもできますが、必要以上に難しげに語っても本質的に意味がないと私は思っているものですから、要点だけ申し上げますが、例えば社会主義という社会システムをつくっても、スターリンという指導者がすごい権力欲の強い人だったら、権力のピラミッド構造ができてきて、人民の幸せどころではなくなってしまう。そういうことが実際にその頃だんだんバレてきた時代なんです。

帝国主義的な資本主義に対してノーと言いながらそういうソ連型マルクス主義にもノーというのが新左翼で、標語は「反帝反スタ」でした。しかし、その新左翼の諸君も、どうも具体的に付き合っていると、権力欲の強いすごく身勝手なやつがリーダーだったりして、だから私は彼にはっきり言ったんです。「言っている建前はかなり賛成だけど、本音からすると、おまえが日本の首相になったら絶対スターリンになる。だから一緒にはやらない」と（笑）。「オレは、スターリンにならない心をどうやったら形成できるかを研究するんだ」と、全共闘運動をやっている諸君やそのシンパ（共鳴者）の諸君とは大激論をやりながら学生時代を過ごしました。

仏教の勉強をしてそういう心の浄化の見通しをつけようとしましたが、大人になってからの修行ではなくてもっと小さい時からの教育心理学や発達心理学という形でできないのかとか、それから西洋の深層心理学と総合することによって、もっと効率のいい、人間の心が無明から智慧に変わるもっといい方法論がないか……といった問題意識でずっと勉強しながら、でももう一方では、日本という国、あるいは世界全体を人間が人間を殺したり搾取《さくしゅ》したりということのない社会にどうやったらできるかがテーマとしてあって、実はむしろメインテーマはそれだったと言ってもいいくらいでした。

そのメインテーマに迫るためには、まず指導者の心をどうやったら浄化できるかという展望がないとダメだと思ってきて、だいたい見通しがついてきたので、それをみなさんに伝えたいというのが、一九九二年に『サングラハ心理学研究所』（現在、サングラハ教育・心理研究所と改称）を創立した一番の趣旨なんです。

そして「さて、環境問題がますます大変だぞ。こちらはどうする？」ということについても、大筋はアメリカのケン・ウィルバーという思想家のおかげで（『進化の構造1・2』松永太郎訳、春秋社、参照）、基本的なことは見通しがついてきました。とにかくあらゆるものに四つの面・

象限《しょうげん》がある。だからその四つの象限全体にわたって環境問題を解決できる条件が整備されるならば解決できるし、されないならばできない、と。

『スウェーデンに学ぶ「持続可能な社会」』

しかしようやくそこまでは考えたが、今の日本のここまで産業社会化してしまった社会をどうするかについては、まだ見通しがついていませんでした。産業社会は、基本的には資源の大量使用―大量生産―大量消費によって成り立っていて、そうすると結果として大量廃棄で大汚染《おせん》ということになります。入口のところで資源が枯渇《こかつ》する、出口のところで環境が汚染される。ですから、この高度産業社会というのは出口も入口ももう完全に限界があるということは、『成長の限界』を読んで以来ずっと思ってきたことなんですが、しかしまるまるそういうシステムで今の日本社会は動いていますから、「これを変えるの大変だな、どうやって変えればいいんだろう」と考えていました。

だから、「行き着く先はわかった。リーダーの心の問題はわかった。でも今の日本は高度産業社会という状態だし、今の日本にはとてもそんな心のリーダーがいるとは思えない。そういう状況の中で、このギャップをどうやって詰めるか。頭が痛い。この先をどうすればいいんだろう」と思っていた時に、時代というものがあると思うんですが、『スウェーデンに学ぶ「持続可能な社会」』（朝日新聞社）に出会ったわけです。

二〇〇六年二月に出た本ですが、本が出る前後に、朝日新聞右端に広告が載りました。朝日新聞の一面の右端は目立つので、パッとタイトルが目に入って、「お、これ読まなくちゃ」という感じで、すぐに本屋に行って買って読んだんです。

読んでみると、スウェーデンという国はみごとに持続可能な社会に……まだ完全ではないにしても、相当に接近している。しかもそれは国をあげて計画的に接近をして、着実に実現に近づいている。「すごい国だな」とびっくりしてしまいました。

「著者の小澤徳太郎さんに会って、どこまで本当なのか、話を聞きたい」と思っていたんです。そして四月、大学の授業が始まり……私がやっているのは「現代社会と宗教」ですが、「社会をどうやって持続可能な社会にするかっていうことは、実は現代社会の大テーマで、実はそのこととこの授業は決して無関係じゃないんだよ。そこを考えるにはこの本がいいよ」と最初の授業で言ったんです。

そうしたら、授業を取っていた女子学生が「小澤先生、法政に来ていますよ」と言うので、「え？ 法政に来てるの？」とびっくりしました。

で、たしか彼が月曜日で私が火曜日だったかな。「では、会わなくては」と思っていたら、その女子学生が小澤先生の講義にも出ていて、私が頼みもしないのに「小澤先生、岡野先生がこういうことを言っていましたよ」と伝えてくれたんです。そうしたら小澤先生が、講師室に名刺を置いていって「会いますよ」と伝言してくれて、それで連絡を取って「じゃあ会いましょう」とお会いしました。

そうしたら、本当に誠実な熱心な方なんですね、お会いする日の私の授業の時に、何か社会人のおじさんがそこら辺に座っているんです（笑）。社会人聴講生かなと思ったら、あとで会ったら小澤さんだった。聞いたら、怪しくないかどうかを確かめに来たらしい（笑）。「サングラハなんとかかんとか」っていう肩書きがまず怪しいと思ったらしい。授業を聞いてみたら怪しくないようだという感じだったようです。

そして、会って話をしましたら、基本的な認識が非常に一致しました。つまり持続可能な社会をつくるためには国の政治経済システムを変えなければならない、と。みんなが毎日できることをやっている……リサイクルをやりましょうとか木を植えましょうとか、そういうふうなことを市民が積み重ねているだけでは決して国の政治経済構造は変わらない。特に経済構造は変わらない。資源の大量使用―大量生産―大量消費―大量廃棄・環境汚染、これはもう完全に社会経済システムですから、これが変わらないことには、「自分のできることをできる範囲で」という発想でやっても……やらないよりはやったほうがいいんですが……変わらない、と。

それから数年間、かなり「スウェーデン漬け」になりました。私が「スウェーデン、スウェーデン」って言うものですから、ある人には「岡野さん、最近スウェーデンに凝《こ》っていますね」と言われて（笑）……「凝っているとかいうことじゃないんだけどね」と思ったんですが、まあ、ほかの人から見ると「凝ってる」ということなんでしょうね。

スウェーデンで見てきたこと

しかし、「駄目押しに自分の目で見て来なくちゃ」と思っていましたら、当時顧問をしていたお仏壇の「はせがわ」という会社の副社長（現社長）が、「企業の社会的責任として環境問題にも取り組む」と言われたので、「では、まずスウェーデンの視察ですね」という話をしたら、会社の視察として行くことになり、いちおう私が講師ということにして――現地に行ったことはなくても勉強はかなりできていましたからね――一緒に行く社員の方たちに、「スウェーデンの環境政策はこうなっていて、福祉政策はこうなっていて」というふうに私が勉強したことを伝えながら、「それがどこまで本当か、一緒に見にいきましょう」ということで、二〇〇八年の二月、一〇日間行ってきました。

フィンランド・スウェーデン各五日なので、私は「環境関係のところだけでいい」って言ったんですが、せっかく行くんだし社員も連れて行くからと観光メニューもあって、サンタクロース村も行ったんです（笑）。私は「それはいい」と言ったんですが、「先生、まあそう言わずに行きましょうよ」と言われるので、観光もご一緒させていただきました。

私は暖かい瀬戸内海の生まれ育ちなものですから、寒いのがとても弱いんです。「寒いから嫌《いや》だ」と言ったのに、「北欧はやはりまず冬からです」ということで、二月、真冬のスウェーデン行きになったんですが、大げさなようですが、私としては半分決死の覚悟でした。

「オーロラを見る」というので、フィンランド側とスウェーデン側、両方北極圏にも行きました。見えませんでしたけど。オーロラは運が良くないと見れない。だからどうしても見たかったら、一週間ぐらいオーロラの見える街にいて、毎晩見に行けば、一回ぐらいは見られる夜があるらしいんですが、私たちは一晩ではずれてしまいましたが、犬ぞりに乗っかって、オーロラを見るところまで、凍った湖の上を走りました。「観光だ」と割り切って、けっこう楽しませていただきました。

それで、私は、残念ながら英語はぺらぺらじゃないんですが、まあそこそこなんとかしゃべれるので、徹底的に聞き取り調査をしました。

スウェーデン、フィンランドには、自分のところは小国だから、外国の人が自分の国の言葉を学習して知ってくれるのは難しいから、自分たちが英語その他の外国語、大きい国の言葉を習得して、それで自分の国のことを発信できるようにしようという国家的な戦略があるということで、語学教育が充実していて、特にスウェーデンは市民の隅々に至るまで流暢《りゅうちょう》な英語をしゃべります。フィンランドのほうが少し下手なようですが、でもよくできます。だから英語がしゃべれると、現地語ができなくてもスウェーデン・フィンランド旅行はまったく困らないようです。

私は空港からスーパーマーケットからホテルのロビーから町中から、とにかく市民を捕まえては、「本当にいい国だと思っていますか?」「満足していますか?」「税金高いんでしょ?」みたいな（笑）聞き取りをしまくったんです。そうしたら、みんな口をそろえて、「いい国だ。満足している。安心している」と言うんです。それで、私が確かめたかったことについて、「本に書いてあったとおりだな。これは本当だ」という感触を強くしました。

ただ、私たちが行ったのは、メインのルートで都市部ですから、データとしては限定されているとはいえます。日本からは直行便がないとのことで、成田から、まずフィンランド航空でヘルシンキ、そこから南北縦長のスウェーデンの国ではかなり下というか南寄りのほうにヨーテボリという工業都市へ一晩泊まって、今度は列車でストックホルムまで行きました。だからヨーテボリ~ストックホルムという都市を見て、それからフィンランドもヘルシンキを見ただけで、周辺の地方都市とか農村とかは見られなかったので、都市部だからそうなんだということはあるかもしれませんが、まあ大丈夫だと思います。

そうやって確かめてきたことは、岡沢憲芙氏の『スウェーデンの挑戦』(岩波新書、一九九一年)に書いてあった項目とほぼ一致していると思いました。そのことを、以下確認していきたいと思います。

スウェーデン神話？

『スウェーデンの挑戦』(一八―一九頁)の中に「スウェーデン神話」という言葉があり、「スウェーデンについてこういうことが言い伝えられている」と書いてあります。この本が出てから二〇年経《た》っていますが、行って確かめて見た感じだと、これは神話というより事実と判断していいと思いました。

岡沢氏はこういうふうに言っています。「戦後、特に六〇年代以後、国外で熱っぽく語り継がれてきたスウェーデン神話を構成しているのは、例えば次のような印象である。」

しかし、残念ながら日本では熱っぽく語り継がれてきたようには思えません。少なくとも私の耳には入ってこなかったので、とても残念です。みなさんはいかがでしょうか、「スウェーデンはすばらしい国で、日本もスウェーデンを真似《まね》たほうがいいんじゃないか」という響きは聞こえてきませんでしたよね。しかしともかく、岡沢氏はこう言っています。

「①市民の生活水準が世界でも最も高い国の一つらしい。」

そのようです。ただ、私はアメリカも一回だけ行ったんですが、アメリカはサンフランシスコとかを見てまず町の高級住宅街とダウンタウンとの差が激しい、みごとに格差社会です。生活水準が高い人は高いでしょうが、低い人はすごく低いとアメリカには感じましたが、スウェーデンには、私が少なくとも見た限り、そういう感じがありませんでした。

もしかして、旅行会社が作為をしたら別です。しかし私は、たとえ作為されても、いつもガイドさんが言わないところも見ようとしています。例えば表通りだけ歩かせられてもわざわざ自分で行って裏通りも必ず見ることにしているんです。ストックホルム市内をかなり歩きましたが、貧困を感じさせるような裏通りはまったく見当たりませんでした。

それからついでに、スウェーデンはポルノの国という大誤解がありますが、あれは完全に嘘《うそ》です。それらしいところを……行きたくて行ったんじゃないですよ（笑）。事実かどうかを確かめたくて、そういう場所の入口なんかがあるかどうかを確認するために、あっちこっち、「怪しいところないのかな」って見ましたが、これも見当たりませんでした。

特にコンビニが……日本と同じコンビニのチェーン店があるんです。そこの週刊誌売り場なんかに、さぞかしすごい本やＤＶＤがあるんじゃないかと思って見たら、全然ない。日本のほうがすごいのがありますよ（笑）。確認のために一、二度見て、「日本にはすごいのがこんなに置いてあるんだ。みんながすぐに買えちゃうんだ」と思いました。日本はかなり困ったポルノ大国ですね。

スウェーデンの街中ではまったく見当たりませんでした。ただ、言論と表現の自由が非常に保障されているので、いったん全面解禁という感じにしたんですが、すると「性の商品化」が起こり、それは人間の尊厳《そんげん》を傷つけるということで、すぐに中止されたんだそうです。しかし、どうしても見たい人が見ることのできる場所は、限定されたところにあるそうです。でも、街中で、誰でも、見たくなくても見えてしまうとか、青少年が気軽にいつでも買えます、というふうにはまったくなっていないようです。成人で、特にそういうことに関心が強くて、どうしても見たい人は見られるようにはなっているんだそうです。

でも、とにかく見当たるところにはなかったので、私はそこまで探す気はありませんから、ガイドさんに聞きませんでしたけど（笑）。聞いたら、「実はここにあるんです」と教えてはくれたんでしょうけどね。とにかく目立つところにはまったくなしでした。

アメリカと明らかに違うと思ったのは、街とか服装とかスーパーとか、そういうところを見ると、なんというか、贅沢《ぜいたく》ではなくて非常に堅実な豊かさを全体に感じたことです。

「②胎児から墓場まで手厚い社会福祉が完備した豊かな福祉国家らしい。」

これはもう本当に定評のあるところです。ただ、「税金高いんでしょう?」という話があるんですが、ただ高いわけじゃないんです。これも市民たちに聞きました。「将来の心配はないんですか?」と初老の方に聞いたら、「いやあ、うちの国は医療も老人福祉も完備しているからなんの心配もしてないよ」と言うんです。「そうか、なんの心配もしてないんだ」と感心したというか、うらやましくなったというか……私たちは心配だらけですね。「年取ったらどこに行けばいいの」と、日本はそういう感じですが、「まったく心配していませんよ」と言っていましたが、「ああ、そうなんだな」という感じでした。

「③超福祉国家でありながら国際競争力を持つ優良企業があり、安定成長が続いているらしい。」

この超優良企業の一つ、車のボルボの工場見学に行きました。ボルボっていう車はすごい高いんです。でも、それは世界で一番安全な車をつくるというポリシーで、プロモーションビデオを見せてもらいましたが、車をボンボンぶつけて事故を起こすんです。その時それでも中に乗っている人形が傷つかないようにするにはどうしたらいいかという技術を開発しているんです。実際に大変な事故を起こしたが、中の人は大丈夫だったという車が一台展示してありましたが、もうベコベコになっていて、ところが中に乗っていた人は大した怪我《けが》もなく大丈夫だったんだそうです。

とにかく人間の安全ということにすごいコストをかけて、「その分高いです」、でも「その分高くても買います」ということをやっている。

つまり、売るためだけの商品ではなく、本当に人間のための商品をつくっている。だから高いです、でもそれだけの価値があるから売れる、という形の製品をつくっている優良企業は非常に多いようです。で、安定成長を続けている。これはごく最近もそうです。

国際競争力ランキングでは、何を指標にとるかによって順位が変わってきますが、それにしてもここのところ何年もずっと、だいたい一位・二位・三位あたりにいます。いつも日本よりも上です。企業だけを見るとアメリカが上のことがありますが、でもとにかくアメリカにひけをとらない、だいたい世界でトップクラスの国際競争力のある経済をやっている。そして、財政は黒字です（二〇〇七年時点）。

〔ところが、二〇一〇年ボルボが経営不振になって中国に経営権を譲り渡すことになった時、スウェーデン政府はボルボを救済しようとはしませんでした。スウェーデン政府は、会社に対しては厳しい市場原理・競争原理で臨んでいます。それが国としての国際競争力を維持できる秘密の一つでもあるようです。〕

「④労働紛争の少ない平和的・協調的な労働市場があり、労働者の権利が手厚く保障されているらしい。」

いろいろなところで保護されていますが、すばらしいのは、失業しても失業以前の生活水準はほとんど落とさないですむぐらいの失業補償があることです。そして、失業中に勉強したかったら国がぜんぶお金を貸してくれて、自分のスキルアップのために学校に行き直しができる。これは在職中もできるんです。特に在職中についてすばらしいのは、当人が行きたいといったら会社は行かせなきゃいけないことです。そしてその間、彼が帰って来るまでポストを空《あ》けておかなければいけない。学校を終えてスキルアップして帰って来ると、会社と交渉して、条件が上がるから元の会社に帰るか条件がもっといいところに移るかは、労働者の自由なんです。これが法律で決まっています。

日本なんて、「大学に行き直す」と言ったら当然退職です。学校が終わって「帰りたい」と言っても、「君のポストは無いよ」でしょう。

だから失業しても大丈夫、それから自分の職業に疑問を感じたらもう一回大学に行き直して別のことをやって、それで就職をし直す。生活を保障されて、学費は貸してくれて、そして就職してからゆっくり返せばいいんです。だから失業してもまったく心配ありません、という国です。失業してもまったく心配ないというと、みんなサボるんじゃないかと思うんですが、日本人ならサボるかもしれませんがスウェーデン人はサボらないらしいです（あくまで傾向ですが）。それは、労働することがプライドになっているからです。

だから、二〇〇六年、社会民主労働党は長年の政権から降りたんですが、その最大の理由は失業問題に真剣に取り組まなかったことだといわれています。その頃の社民党党首・パーションは環境のことを非常に熱心にやっていて、「まあ失業問題もあるけれども、失業手当がしっかりしているんだし、困らないから大丈夫だろう」みたいにちょっと軽く考えていたらしい。ところが国民は、たとえ食えても働けないのは人間としてプライドが許さない、雇用の問題に真剣に取り組まない政権はダメだ、ということだったらしいんです。

四年後の二〇一〇年九月の選挙で返り咲くだろうと思っていましたが、返り咲きませんでした。しかし現在の主権政党である保守（穏健）党も、環境政策や福祉政策についてはほとんど社民党（社会民主労働党）と変わらずということをやっているようです。ともかく、政権が代わっても依然として労働者が非常に手厚く保護されています。

「⑤積極的な労働市場政策で産業構造の転換がスムーズに行なわれる。」

要するに社会民主主義という制度は、個別の企業の存在は認めて自由にやらせるんですが、ただその企業がもうダメだなと思うと、国が指導して企業の業種を変えさせるとか廃業させるとか、そういう介入はしてきたんです。そういう国家指導はあるんですが、でもソ連型共産主義みたいにぜんぶ国有化してぜんぶ国がコントロールするんではなくて、自由にやってもらうけど、やっていけなくなった時には国が指導します、と。その経済的な指導力が、社会民主党政権は戦前からずっと高かったので、国民的支持があったんです（近年そういう指導力を失ったために政権の座を降りて、そのまま返り咲けないということのようです）。

これには秘密がありまして、スウェーデンには「ストックホルム学派経済学」という世界的な経済学の派があるんです。そのストックホルム学派の学者たちが、社会民主労働党の政権の経済政策担当者になり、その経済政策が基本的にはずっとうまく当たってきたわけです。だから非常に信用が厚いんですね。

そして、日本では「失われた一〇年」というのがありましたが、あれは同じ世界不況だったのでスウェーデンも同じ目に遭ったんですが、スウェーデンは二、三年で立ち直ったそうです。

ところが日本はもう一〇年かかった。そしてその後、大企業だけは「いざなぎ景気」以来の景気だとか言っていましたが、庶民の生活を見たら全然景気はよくないまま、リーマン・ショック以降、もっとひどい不況になっていますね。ところがその間、スウェーデンは完全に立ち直って経済的にもずっと好調、リーマン・ショック、ドバイ・ショックからも立ち直っているそうです。「スウェーデン社会民主党党綱領」というものがあって、社民党はこういう考え方でこういうふうにやりますということが、非常にていねいに書いてあります。これは、とても長いものなので、最後の回にかいつまんで要点をお伝えしますが、その中で「今のような状態だとやがて世界金融危機が来る」ということを、すでに一九九〇何年に予想しています。ちゃんと予想して書いてありますから、当然対策も考えてあったでしょう。

そういう予想をするということは、スウェーデンの政治的リーダーたちは、絶えず未来を見ながら、今何をやっておかなければいけないかと考えているということで、そういうのを、向こうからこっちを見るので「バックキャスト」といいますが、政治手法がバックキャストなんです。

交代した政権も社民党的な対策を引き継いだようで、問題があるけれども将来性もある大企業には、国が巨額の資金を投入するということを九〇年代の時もやっているんです。

そういうことがすんなりできるのは、国民の政府の政策に対する信頼があって、国民は「なんで私企業に金出すんだ」みたいな反対はしないそうです。

それはどういうことかというと、その企業が回復したら、税収が上がって、上がった税収で財政が健全化され福祉に返ってきますから、だから「どこかの会社が勝手にやって景気が悪くなっているのに、国税を使って私企業を助けるのか」みたいな話ではなくて、私企業を助けることが、やがて将来の税収につながり、その税収はやがて国民に福祉として返ってくる。だからやってください、という感じで抵抗なくできるらしい。

金融危機に対しても、スウェーデンは大量の税金を投入して対処し、世界に先駆けて景気の回復に成功しているとのことです。

「⑥慎重審議を基礎にした合意形成優先の妥協政治が定着している。」

これは各政党間や企業や市民団体やそういうところに、政府は「こういうことをやりたい」と言ったら、こういうことをやるつもりですがどう思うという意見書を、ぜんぶ出してもらうということをやるんです。そしてそれぞれの言い分を聞きながら、このあたりで手が打てるかなという策を出していくので、いざ決める段になったら、まあそのへんで妥協しましょうと話がすんなりとまとまるので、「意思決定過程に暴力が入り込む余地はないらしい」と。

日本も幸いにして暴力が入り込む余地はあまりありませんが、旧ソ連型社会主義では強制的に意思決定が行なわれていました。ところがスウェーデンは、あらかじめ国民の中のさまざまな利益団体から「こういう政策をやろうと思うけど、その場合におたくの団体はそれに対してどういう利害があって、どういうふうに考える?」という意見聴取をちゃんとやって、全体として調整がつく線で決めていく、それがもう長年の政治手法になっているので、政府が強制的に何かを国民などに押しつけるという、「社会主義」というと誤解されがちな、そういう社会主義ではまったくないということです。

「⑦分配過程は社会主義的平等原理で貫かれており、」

日本にもある程度「累進課税」というのがあったりして、ある段階まではかなり日本人の平等化がなされていたんですが、それ以後「行政改革」という名前の格差社会が生まれるように税制等が変わってきて、どんどん不平等になっています。

スウェーデンは累進課税がすごい。でも、累進課税がすごいから企業の税金は高いかというと、そんなことはないんです。企業の税金は平均的には日本より安いんです。それはなぜかというと、企業に儲《もう》けてもらって、でもそこから税収を上げる、上げた税収を国民に平等に分配する。そういう企業の税金は比較的安く、高収入の個人からは累進課税で高い税金を取るんです。

企業優遇税制は日本以上なんです。だから、社会主義になったら企業が優遇されなくなるんじゃないかと日本の財界人が印象で心配するんですが、スウェーデンは全然そんなことはありません。ですから、スウェーデン型でやれば大丈夫だ、と日本の企業人もこれから説得できると思っています。

高額所得者はどうかというと、スウェーデン人には「人間は平等でなければならない」という強い国民的な価値観があって、だから高額所得者もやはり相当累進課税が取られても、「しょうがない、ここはスウェーデンだから」みたいな（笑）、「だって、私も国民の一人だから」といった納得感があるらしい。

やはり同じ国民という意識が、お金持ちから平均的な市民に至るまで共通にあって、だから世界レベルのお金持ちがいるんですが、でも市民の平均水準は非常に高い。

それに対して、日本のお金持ちにはそういう感覚を持っていない人が多いように見えます。日本の生活保護なんて「保護されない生活保護」という悪い冗談があるぐらいで、もう最低線を保護する・保障するって言っているけど、それも保障されていないというのが日本の生活保護の実態でしょう。

それに対して、平均水準を保障するというのがスウェーデンの生活保障で、最低生活の保障ではないんです。ですから、

「すべての市民が同じ生活水準を享受できるらしい。」

できるようです。ただ、グローバリゼーションや産業構造の変化によって、やや格差が大きくなってきており、これをどうするかというのはこれからの課題ではあるようです。

党綱領の段階でも、平等を目指しているけれども、すでにやや格差が出てきていて、「でもこれは是正しなければいけない」と主権政党が党の綱領ではっきり謳《うた》っていました。現在の保守党がどう考えているのかについては、まだよく調べることができていませんが、大幅な路線変更はないようです。

「⑧言論・集会・結社の自由をはじめあらゆる自由が保障されている自由の国らしい。」

日本では、不幸にして旧ソ連型社会主義の印象が強すぎて、「スウェーデンも社会主義なんでしょう、じゃ不自由なんでしょう?」という大誤解がありますが、全然違うんです。国際的な調査機関が行なった社会の民主主義度に関しての国際ランキングでは、スウェーデンはトップクラスです。つまり非常に民主主義度・自由度が高い。「自由度が非常に高いのに社会主義ってなんなの?」という疑問が生じるかもしれませんが、要するに個々人の生活の自由は徹底的に保障しながら、社会が全体として共同体なので、不平等が生じないように政府・国家が、収入の再分配をする時にはできるだけみんなに公平にしよう、と。つまり、そういうふうに社会全体を共同体と見ているという意味で「社会主義」なんです。

ソ連型社会主義だって建前はそうだったんですが、実態は全然違ってしまったようです。しかし、スウェーデンの場合の社会主義では、まさに「国家は国民の家、国家共同体である」という理念があって、その共同体のメンバーみんなはできるだけ平等であるべきだということを、まさにできるだけ実現しようと努力し続けている、と。

しかも先に言ったように、大事なのは、下でそろえないで中でそろえる。つまり国民ぜんぶがまともな生活ができて、それ以上の人がいてもいい、というやり方なんです。中以上のお金持ちは確かにいるんです。

本当に豊かな国だと思ったことは、ストックホルム市民の三分の二が別荘を持っているという話です(笑)。驚きですね。……といっても、船で通りながら見たら、たいていは小さなコテージ（山荘）ですが、それにしても……。スウェーデン人（の一般的国民性）は、自然に対する畏《い》敬《けい》と愛着の念がすごく強くて、都会で暮らしていても、週末には自然の中に入っていかないと、もう生きていけないといった気持ちが国民にすごくあるらしい。だから週末になると、文明生活を放り出して、ランプです、薪《まき》です、みたいな山小屋に行って暮らしたいらしいんです。

スウェーデンやフィンランドでは、家族みんなで森に行ったりして、でも家族それぞれが自然に浸《ひた》るために一人になったりする。そうすると連絡が取れなくて困ったりするので、それで昔の大きな無線がまず流行《はや》り、それからやがてそれの簡便なものということで携帯電話が発達したんだそうです。

だから、自然に親しむために携帯があったのがフィンランドやスウェーデンですが、日本は都市生活で孤独を癒《いや》すために携帯を使っていますね。

これからの課題

ところが不思議なことに犯罪率は日本よりもスウェーデンのほうが高いようです。これは、私にはまだ謎《なぞ》です。ここまで福祉が完備されているのに、なぜいまだに相当な数の犯罪があるのか。これはまだ研究中、答えが出ていません。たくさんの移民を受け容《い》れているので、社会の平等性や統合性に問題が出てきているためかもしれません。

日本はいろいろダメですが、それでも犯罪率・件数でいえばまだスウェーデンより安全な国だそうです。その点は、なぜだかわからないけど安全だと誇《ほこ》っていいんでしょう。

日本がなぜ安全な国かというと、徳川二七〇年の平和の名残りだと言ってまちがいないと思います。日本人が、やはり平和に暮らすことこそ人間なんだという国民性を、長いことかかって培《つちか》ったんです。その大元になっているのはまさに聖徳太子ですが、それが国民性に染《し》み込んでいるので、まだだいぶ安全なんですが今、相当崩れかかってきています。

いろいろなことがありますが、社会的な弱者である子どもに対する虐待《ぎゃくたい》、老人に対するさまざまな問題、老人福祉が完備していないし、老人虐待もあるし、それからオレオレ詐欺もだいたい高齢者が対象・被害者ですね。お年寄りをだまして金を取ろうなんて、そういう不届きな日本国民は昔は少なかったんじゃないでしょうか。年寄りは大切にしなきゃいけなかった。子どもは大切にしなきゃいけなかった。そういう国だったのが、だんだんダメになってきているような気がします。

それに対してスウェーデンは、そういう問題があることはちゃんと認識していて、「今後、犯罪の問題をどうするのか、本気で取り組むのが社会民主党です」と、ちゃんと犯罪の問題も頭に入っています。だから決して自分たちはもう完成されているなどとは思っていないんです。

社会主義の二タイプを区別する

戻ると、私たちは、「社会主義」と聞くと、スターリン・ソ連型とか毛沢東・中国型とか、ポル・ポト時代のカンボジアとか、非民主的で理屈をつけて内部的にも対外的にも暴力的なことをやるのが社会主義だと思いがちですが、社会主義にも二種類あるということを頭に入れておかなければいけない。ソ連型以外に「社会民主主義」と呼ばれる民主主義があるんです。それを今もっとも徹底しているのが北欧で、なかでもスウェーデン。EU（欧州連合）も全体としてだんだんそういうタイプの社会民主主義に移行しつつあると見ていいようで（福島清彦『ヨーロッパ型資本主義』講談社現代新書、二〇〇二年）、そのオピニオン・リーダーはやはりスウェーデンでした。「綱領」に、EUをそういうふうにしたいとちゃんと書いてありました。

二〇〇六年以降で興味深いことは、社民党が政権の座を降りたということは、スウェーデンが社会民主主義的でなくなったのではなく、保守党が方針転換をして、雇用などの社会民主主義的な課題に社民党以上に熱心に取り組む姿勢を見せたからだといわれていることです。

「⑨非同盟・中立主義の平和国家で、」

これは、EUに入っても、軍事的には非同盟といって、ほかのことはEUに足並みをそろえるが、NATO（北大西洋条約機構）には入らないという方針でした。

しかし、最近のウィキペディアの記事によれば、「冷戦が激化すると、デンマークやノルウェーを窓口にNATOとの密約を結んでいたことが、公開された外交資料などで分かってきた。有事の際にはNATOへと加盟し、対ソ戦に参戦するというものである。しかも極めて詳細に内容が決められており、スウェーデンは名目ほどには中立ではなく、実態はアメリカ寄りだったということである。その強《したた》かな外交手腕は二〇〇年以上の平和を維持してきた原動力であるといえる。スウェーデンは徴兵制を敷き、国力に比して大規模な軍を組織し、軍需産業の維持にも熱心な重武装中立国である。しかしパルメ首相の様にヴェトナム戦争を非難し、対米批判を行ない、積極中立を遂行出来得る程、スウェーデンの中立政策には自信と実力を兼ね揃えていたと言える。それをあえて西側諸国、米国寄りの立場に立ったのは、中立と防衛同盟構想を越えた、北欧全体の自由と平和を守る戦いでもあったからである。」とのことです。

こうした「自由と平和を守る」という理想をしっかりと持ちながら、しかも「強かな外交手腕」を振るうスウェーデンの大人の知恵を日本もぜひ学びたいものです。

「⑩国際政治の場では常に民族自決権を支持し、」

自国の話だけではなくて、アジア・アフリカの国に関しても、国連決議なんかの時にも、徹底的に民族自決権を支持してきています。

「⑪小国の利益を擁護《ようご》する反覇権《はけん》主義の国であるらしい。」

そもそも国連ができる時にスウェーデンは大変な貢献をしています。それから、第二代の国連事務総長ハマーショルドさんはスウェーデン人です。ですから、小国なのに平和への貢献については、人材もお金もアイデアもものすごく出して、国際平和への貢献をずっとやってきている、と。

岡沢さんがここまで挙げているのに加えると、小澤さんによれば、社会民主党は、こうした福祉国家を確立したその上に、世界でもっとも持続可能な社会――「エコロジカルに持続可能な」

というコンセプトを緑というカラー・イメージで表現して「緑の福祉国家 green welfarestate」という――を政策として掲げ、政府が主導して意図的・計画的に近づいている。つまり、到達すべき目標として「緑の福祉国家」という未来のビジョンを確立して、そこから今何をしなきゃいけないかを考えているんです。この手法が「バックキャスト」ですね。そして、二五年でつくろうという計画を立てて、今半分ぐらいまできていまして、かなり計画どおり進んでいるようです。小澤さんによると、二〇一〇年から二〇年ぐらいの間には、スウェーデン一国単位では持続可能な国になっているでしょう、と。すごいですよね。

スウェーデンは、でも一国では世界の問題は解決しないということをちゃんと自覚しているので、まずはそれを北欧に、それからヨーロッパに、そして世界に広げようという、長期展望・長期戦略でやってきています。そういうふうに非常に国際主義なんです。自分の国さえうまくやればいいという発想はまったくない。例えばGDP（国内総生産）の一％は国際貢献に必ず使うべきである、と党の綱領に書いてあります。

細かいところはぜひ『スウェーデンの挑戦』、ただ、これは九〇年頃までしか書いていませんから、その後の特に環境に関しては小澤さんの本を読んでください。

なぜスウェーデンは、経済大国ではなくて、いわば生活大国を目指したか……日本は元々意図的に経済大国を目指したんです。ところがスウェーデンは、福祉国家、さらに緑の福祉国家という形で、国民の生活がすばらしい豊かな生活、安全で安心な生活になるようにという「生活大国」を可能にしたか、その歴史的なプロセスが二冊でわかると思います。

この講座では残り二回かけてそのあたりの概要と、特にスウェーデンがなぜできたかについての心の問題、その心の問題と『十七条憲法』が非常に重なっている、というところまでお話をしていくんですが、今回はとにかくスウェーデンというのが研究者によればこんなに優れた国ですと項目を挙げて述べられていて、それから私が行って見て、「うん、どうもこれはぜんぶ本当だな」という感触がしました、という話です。

「フォアキャスト」と「バックキャスト」

なぜ戦後日本は、生活大国ではなくて経済大国を目指して、いちおう成功したかに見えたけれども、バブル崩壊から失われた一〇年、そして格差社会、そして今や持続不可能な社会に向かいつつあるのか、考え込んでしまいます。

高齢化、大丈夫？　少子化、大丈夫？　年金、大丈夫？　介護保険、大丈夫？　限界集落、大丈夫？　そしてついに震災復興、大丈夫？　再発事故、大丈夫？　……もう問題山積でしょう。これは、日本の政治というのは基本的に問題が起こったら対処する、しかも場当たり的に対処するからです。スウェーデンは、こういう問題が起こるだろう、こういう問題を解決しなければならないということを掲げておいて、だから今何をしなければならないかと考える。これを政治の手法としては「バックキャスト」と呼ぶんだそうですが、つまり到達地点から振り返って、ということです。それに対して、目先にあることに対処するのは「フォアキャスト」という。

日本の政治手法はもうみんなフォアキャスト、しかも超短期フォアキャストです。景気をちょっと景気づけするために国民に一万数千円ばらまきましょうとか（笑）。二兆円使うんだったら、国民にばらまかないで、何か元気の出そうな新しい景気政策をやったほうがよほどいいと思うんです。例えば見込みのありそうな新しい起業に投資をしてあげるとか、あるいは本当に金融危機なのならば、二兆円もみんなに配らないで、金融危機のためにボンと使ったほうが……ちょっと危ない銀行だが、しかし立て直せそうな銀行に一兆円とか、そうしたほうがいいのではないかと思うんですが。

しかし、どうも日本の政治家たちはみんなフォアキャスト、場当たり場当たり、起こってから対処する。日本の政治家と官僚の言うセリフをテレビなんかでみなさん注意して聞いていらっしゃると思いますが、私は毎回同じことを言っているな、と思います、「二度とこういうことのないように」と（笑）。どうして最初から起こらないようにしておかないんでしょう。

今、医師不足でしょう。ですが医師を減らす政策を打った頃には、「このまま医者を養成していたら医師が余るから」と言っていましたね。ご記憶にあるでしょう。ところが、みごとに足りなくなった。ですが、その頃ちゃんと見ていた人は、「足りなくなる。人口がこうなってこうなるから足りなくなる」って言っていたにもかかわらず、政府と官僚は「余るんだ」って強弁《きょうべん》していましたね。その結果足りなくなったら、「さあどうしましょう。これから増やしましょう」と。

でも、医者が一人一人前になるのは一〇年とかかかっちゃうわけでしょう、それだって大学六年、その後やって、やっとお医者さんになりましたというのは、まだ頼りないですよね。だから信頼できる医者を養成するには、一〇年では足りないと思います。だから、今からやっても信頼のできる小児科医や産婦人科医の若き三〇過ぎ～四〇前ぐらいの優れたお医者さんを育てるにはそれから一〇年～一五年かかるんです。

こういうことはいろいろあります。例えば今の年金の問題でも、実はすでに六〇年代に人口の専門家はちゃんと警告していました。「このままいくとやがて二〇〇〇年頃には極度の高齢化社会になる、人口比を見たらわかる」と警告していて、私は学生の頃に聞いていました。「そうすると、年金制度をどうするんだろうな」と学生ながらちょっと気になったんですが、私もちょっとまだ若いからと（笑）その先まで考えていませんでしたが、案の定、今頃「年金制度をどうやって持続可能にするか」と言っている。

介護保険についても、現場で関わっている福祉関係者たちは最初から、「あれではカバーできない」と言っていました。ところが、政府は「大丈夫だ」と言って、やってみたら、案の定ダメだった。それで、「介護報酬を上げる」とか言ったんですが、ケチな上げ方をする。それではここで介護関係者の数がばっと増えるとはとても思えません。「弥縫策《びほうさく》」（一時のがれ）という言い方がありますが、もう本当に弥縫策しか打てない。

それはつまり、どんな困難があっても将来この国をこうしたいというビジョンがあって、そのために今こういう困難がある、ではその困難をどうやって解決するか。こういう手を打って、この手を重ねていけば、やがてはここに行ける……とスウェーデンの政治家は考えるんですね。しかし、日本の政治家は、目先の問題を「ああしようこうしよう」と考える。それもだいたい自分の票に関わる範囲でやっている。

私は、日本の有力な政治家の秘書を渡り歩いたという同世代の人に話を聞く機会があって、裏話を聞かせてもらったことがありますが、「先生方がみんな、なぜ環境に取り組まないかというと、票にならないからだよ。票になり始めたら取り組むよ」ということでした。票になるかならないか、自分が何年間政治家を続けられるかどうかということが主たる目的で、これから日本人に、日本の国民にとって、何が課題で、私はどうしたらその解決に貢献できるかという発想ではない政治家が非常に大多数だ、と。その彼は、日本に絶望し見捨てて海外に行ってしまいました。ともかく、「バックキャストするスウェーデン、フォアキャストする日本」というのが基本構図だ、というのが小澤さんの一つのまとめです。

しかし、それでは困るので、なんとかしたい。そこで、まず、ではスウェーデンはどういうふうにやっているのか、それからなぜできたのか、やる気になった心、国民や政治家の心、それはどういうふうだったのかを知って、私たち日本人もそこから学びたいということで、さらに徐々にお話をしていきます。

「福祉国家」から「緑の福祉国家」へ

それで、最近のスウェーデンがどうなっているか、確認しておいたほうがいいと思うのでまとめておきました。

二〇世紀のスウェーデンはほかのほとんどの先進工業国と同じように、貧困や格差などの社会問題は経済が成長することで解決できると考え、当初はフォアキャスト的手法で福祉国家を建設して維持してきました。ところが一九七二年にローマ・クラブが『成長の限界』を発表したのに先立つ一九六八年頃には、環境問題の重要さに気づいています。これは、「いやあ、すごいな」と思ったんですが、戦後、長期政権で二三年にわたって首相として福祉国家の建設をリードしてきたエランデルが引退間際の頃に、次の問題は環境問題だと理解していて、跡を譲ったパルメに「これから環境問題をなんとかしよう」と相談して、第一回国連人間環境会議を開くことを提案し準備委員会の議長として推進しています。国連が主催したことになっていますが、言いだしっぺはスウェーデン、しかもエランデルで、七二年には第一回が首都ストックホルムで開催されています。スウェーデンは早いですね。

一九七二年に日本の首相は誰で何を言っていたか憶えていますか？　田中角栄──日本列島改造論で「土建国家をつくろう」でした。この認識の差にはちょっと悲しくなりますね。

一九七二年の会議には大井玄先生（元国立環境研究所所長）も出ておられたそうです。スウェーデンは日本の水俣の報告を聞いて、「これは大変だ、こういうことがスウェーデンで起こらないように」とすぐに対策を打ったということです。それに対して、日本はその後、水銀が原因かどうか議論をしていて対策は先延ばしでした。対応速度がまったく違う。

スウェーデンは、自国だけではなくてそういう他国の経験からも教訓を学ぼうという姿勢を持っていて、スウェーデン大使館にいて、日本から学ぶ仲介をしたのが小澤さんだったそうです。「日本はこうやっています。スウェーデンはこうやっています」という情報の交換をしているうちに、スウェーデンはどんどん教訓を取り入れていくのに、日本はいくら言ってやっても変わらない。「この日本とスウェーデンの差はなんだ」というのがスウェーデン大使館を辞める一番大きな理由だったみたいです。その後、環境問題の専門家として発言をすることによって、なんとか日本の環境政策を変えたいと思われてきたんですが、依然として変わらない。で、非常に苛立《いらだ》っておられます。

スウェーデンでは、地球の限界・有限性、つまり資源も有限、自己浄化能力も有限、さっき言った入口と出口が有限ということが、エコロジー（生態学）という科学で学問的に明らかになってくると、それをちゃんと政治家が受け止める。エランデル―パルメ（ライン）で、その問題に対処しないといけないと考え始めて、先進工業国の中ではおそらくもっともトップでしょう、バックキャスト的手法を使って、つまり将来にエコロジカルに持続可能な社会をつくらなければいけない、そのためには今何をしなければいけないかという道筋を考えていき、だいたいその道筋がプランとしてできたので、一九九六年、社会民主党政権がパーション首相のリードで「福祉国家を緑の福祉国家へとレベルアップする」というビジョンを掲げます。

こういうビジョンを、主権政党が掲げるんですからね。少数政党の緑の党が一所懸命言っているとかいうんじゃないんです。しかも緑の党と社民党の決定的な差は、緑の党には高度に工業化・産業化した先進国にどうやって経済と福祉のバランスを取りながら環境問題を解決させるかという手はないようだというところです。

西ドイツの緑の党には昔の党首だったペトラ・ケリーという女性がいますが、その人の本を先駆けて日本で翻訳出版したのは、何を隠そう春秋社で私がプロモートしたんです。あの頃から、

「西ドイツ緑の党は理念はいいけど、でもこれで工業国ドイツや日本を、緑の党が言っているように変えるにはどういう手続きやプロセスが考えられるのか？」と思いながら、でも「言っていることはいいから」と思って出しましたが、売れませんでした。それは、当時の日本人にとっては「こんな理想論を言ったって、これじゃ日本を変えられない」と感じられたのだと思います。

民主主義や自由の成熟度は世界一

以後、事態は変わらないまま、少数の真面目な方たちが一所懸命「環境、環境」と言うんですが、社会は大量生産、大量消費、大量廃棄で回っているわけで、それでみなさんお勧めしたりして食べているわけです。それを突然「やめて、給料全部放りだして自然農法をやりなさい」とか言われても、日本の農業基本法は農民じゃない人が新たに農業に参入できないようにしてあるんです。みごとにしてあります。資金がないサラリーマンだった人が、まったく最初から志を立てて農民になりたいといってもなれないようにつくってあったんです。もともと相当な面積の田畑を持っている人が買い足すことはできる。または最初からでも大面積の田畑を買えるような何千万という資金を持っているとか、そういう条件がないとやれない。農家の次男以下が一回東京に出てきちゃったりしたら、二度と農民には戻れませんというように日本は法律でやってきたんです。最近ようやく少し変わってきたようですが。

この話をすると先に進まないので、置いておきますが、とにかくスウェーデンはバックキャストという手法でやってきたわけです。二〇〇〇年以降、経済がグローバル化してくるにつれて、各国がこの件に関してどうなっているか、比較的信用していいと思われる研究機関などが国際ランキングをいろいろ発表していて、小澤さんはそれをいくつか紹介しています（二〇〇七年の時点）。

二〇〇一年、国際自然保護連合という、元々は国連機関だったのが独立したもので、信用していいと思いますが、一八〇ヵ国にわたって環境を中心に年金、福祉も含め国家の持続可能性のランキングをしましたが、一位はスウェーデンでした。日本は二四位、頑張っているといえば頑張っているんですが。アメリカ二七位。でも、ここではっきり非常に厳しく、一位のスウェーデンでさえまだ全面的に持続可能にはなってない、ただそこに向かっているという意味では一番よく向かっているという評価が下されています。

スウェーデンはまだ達成していないということを自覚していて、でも大体二〇一〇年から二〇年くらいまでには達成しようということで着々と進めています。

二〇〇四年、二〇〇七年、ＯＥＣＤ（経済協力開発機構）の三〇カ国も、同じく持続可能性ランキングを出していますが、二年共にスウェーデンが第一位です。米国は変わらず三〇位。日本は二四位か二五位にあると思います。

それから、エコロジカルに持続可能な社会をつくっているか、世界に貢献しているか、ですが、CO_2の排出量で見ると、もっとも削減できているのがスウェーデンです。一人当たりの年間CO_2排出量五・三トン、日本は九・三トン、すごい差です。どちらも先進工業国です。「日本は先進工業国だからできません、農業国ではないんだから」ということではないんです。スウェーデンの先進工業国ぶりは日本に優るとも劣らないぐらいみごとなものですが、こういうことができてしまう。

　これができるのは、日本のような「積み上げ方式」なんてことはやらないからです。「これだけ削らなければならない」という目標を掲げて、そのためには何をする必要があるか、各方面にぜんぶ振って、バックキャスト方式でやる。日本はフォアキャストで、「うちはこれだけできます」「うちはこれだけ」というので積み上げたら、「結果オーバーしました。努力はしたんですが」ということになる。完全に手法が違いますね。

「そういうふうに環境と福祉に非常に配慮しているのはわかるが、経済は大丈夫か？」という疑問があるかもしれませんが、大丈夫なんです。一人当たりのＧＤＰ（国内総生産）はこれだけは米国が七位で、八位スウェーデンですが、一四位日本よりははるかに豊かな国です。七位以上はどういうところかというと、石油で儲《もう》けたとか特殊な国です。だから国の通常経済でもってということでは、やはりアメリカが一位なんです。だからそういう条件を外せば世界二位の豊かさです。

　それから、「社会主義だから不自由じゃないのか？」という疑問がありそうですが、民主主義の成熟度ランキングは一位です。世界一民主主義や自由が保護されている国です。昔は日本人は社会主義は「アカ」と言われて危険だという洗脳をされて、ソ連などの問題をいろいろ報道で見聞きしたものですから、いまだに「社会主義は危ない」という印象が残っているようですが、スウェーデン北欧型社会民主主義ならば、むしろ民主主義、自由度は世界一高い。そういうふうにやれるということですね。頑張っているはずのドイツは一三位、民主主義の国だと言っているアメリカが事実上は一七位。日本は二〇位。ですから、日本やアメリカよりもはるかに民主主義度が高くて自由が保障されている国です。

それからＯＤＡ（政府開発援助）・国際援助は世界一です。ドイツ一三位、一八位日本、二一位米国。自国の経済や福祉のことをすごくやっている、そして国際貢献もすごくやっている。でも経済がうまくいくんです。不思議だと思うでしょう？

国際貢献をするとどういうふうになると思います？　国際的に信用されます。信用って、ものを売る時にすごく大切です。スウェーデンの商品は信用できる、〇〇国の商品は信用できない、と。「スウェーデン製品は絶対安全よね」という感じの信頼度が高い。それは半分以上は意図しているんですが、国の信用度を上げて商品の信用度を上げる、つまり国際貢献が貿易に対するイメージ広告にもなっているんですね。

そこが大人の知恵なんですが、ただの理想論で援助しているんではなくて、援助するという本気もあるが、援助した結果ちゃんと自国の信用が高まって儲かるという計算もしている。子どもの理想論ではなくて大人の現実性をちゃんとつかんでる、しかも理想を捨てないで追求するという、ほんとに大人の国だなと思います。

これは大乗仏教の「自利利他《じりりた》」、自分もちゃんと幸せになります、人も幸せにしますという理想に重なるものですし、それこそが聖徳太子が理想としたものです。

子どもっぽくてしかし美しいのは、自分を犠牲《ぎせい》にして人を幸せにするというスタイルですが、しかし、よく考えるとこのスタイルでは、自分が犠牲になってしまったらあとが続きません。だから、本当にずうっと持続的に人のために尽くすことができるためには、自分がずうっと持続的に力を持っていなければダメなんです。犠牲になってしまったら、短期間で終わりです。「東日本大震災」もそうですが、他者にとって必要なのは持続的な支援であって、『みじかくも美しく燃え』という映画がありましたが、そういうことではない。でも日本人はしばしば心情的で『みじかくも美しく燃え』になりがちですね。

それから世界競争力ランキングは二〇〇六年、これは世界経済フォーラムという経済の世界的権威のあるグループですが、三位スウェーデン、六位米国、七位日本、八位ドイツ。だから、環境と福祉にすごい配慮をしても、決して国際的な経済競争力は落ちません。落ちない秘密がいろいろありますが、今申し上げた、信用度が高まる、商品が売れるというのもひとつ大きくあると思います。

それから二〇〇七年の世界IT報告書で、IT活用世界ランキングですが、IT立国と言っている日本は一四位です。マイクロソフト社もある米国は七位。ところがスウェーデンは二位です。一位はフィンランドです。つまり北欧なんです。

温暖化対策、CO_2削減をどれくらいできたか、そして国が取り組んでいるかという温暖化対策ランキングは、一位スウェーデン、五位ドイツ、二六位日本、五三位米国。

こうやってみると、スウェーデンがどれくらい高い達成をやっているかがわかります。経済財政と福祉と環境をみごとにバランスさせていて——というより「相互促進関係」にしていて、それらが全部世界のトップクラスの状態となっている。くどいようですが、しかもそれは、運良くたまたまそうなったという話ではなく、そうなるように非常にシステマティックに、福祉国家をつくり、緑の福祉国家を目指しと、計画的にやってきたんです。

その歴史のプロセスをていねいに見ていくと九〇分授業一年分になりますので、次回、ポイントだけ拾って、スウェーデンは時間をかけて積み重ねてきたという話をします。

この話をすると、気の短い日本人には、「そうやってスウェーデンが長い時間をかけてきたことを日本はすぐにはできないじゃないか」と、すぐに絶望したりあきらめたりする人が多いんですが、原則的に言えば、スウェーデンが二〇〇年かけてやったんなら、日本も二〇〇年かければできるわけです。それから、スウェーデンがあるんだから、スピードアップは絶対できます。スウェーデンは一からぜんぶ自分で工夫したんです。ところがあとからやる人は真似《まね》ればいいんだから、スピードはすごく速くできます。私に言わせると、モデルはすでにあるんだから、あとはやる気の問題だけだ、と。

国民と指導者のやる気の問題

でも国民と指導者のやる気の問題、どうやったら日本人、国民と指導者がやる気になれるか。これが大問題ではあります。

私は、話の最後には、希望のメッセージを言うことにしていますが、日本という国は、例えば隋唐の大国が朝鮮半島などを冊封《さくほう》国すなわち属国化して、日本もしようとしていた時に、大急ぎでそれ以前の部族、ゴチャゴチャ国家だったのを統一国家にまとめ上げて、そして律令国家を建設して完全独立国家であり続けることができたんです。古代においてね。

それから、まさに近代において黒船―明治維新です。私は学生によく言うんですが、「黒船は何年か知ってる？　日本人だったら、ほんとは憶えておかなければいけないんだよ、今我々がこうなっている近代化のプラスもマイナスもスタートはそこからだからね」と。一八五三年です。偉そうに言っていますが、私も昔は年号が大嫌いでした。日本史も世界史も大嫌いでした。それは、なんだかよくわからないけど地名と年号と人名とを憶えさせられて、空欄をうずめて何点、ですからね。

ところが、意味がある数字は憶えますよね。だから学生にも言うんですが、「恋人の電話番号を忘れるバカはいない」……あ、最近ケータイで記憶しちゃうからなあ（笑）……昔だったらまったく意味のない数字が並んでいても、それが恋人の電話番号となったら憶えましたよ。誕生日が何日だろうと、恋人のは憶えますよね。

つまり意味のある数字は、それ自体は無意味でも、憶えなきゃいけない数字だと思うと、憶えるものです。私は、「あ、黒船の年は忘れちゃいけないよね、一八五三年」とちゃんと憶えました。で、明治維新は何年か憶えていますか？　一八六八年。

一八六八－一八五三＝一五。昔この単純計算をして驚いたんですが、日本は黒船来航からたった一五年で近代独立国家を形成しえた国なんです。それは日本の国民と指導者に当時はそれだけの力があったということです。

ですが、当時のアジア・アフリカ世界を考えてみてください。例えば山奥だからわざわざ行って侵略するのは面倒だという、特殊な恵まれた条件があるチベットやブータンはほっといてもらえたんですが、すぐに行けて侵略できる国はみんな植民地化ないし半植民地化されています。アジア、アフリカ、ネイティブ・アメリカのほとんどすべてです。私の知識の範囲では、アフリカで例外的にある時期までエチオピア（しかし一九四一年イタリアによって植民地化）、実質はイギリスに乗っ取られたんですが形式上トルコ、タイは大きく国土割譲させられて、残ったところが独立国、そういう少数の例外を除くとほとんど西洋諸国によって植民地ないしは半植民地化されています。

まさにそういう意図でアメリカもイギリスもフランスもロシアも日本に来たんです。だってその前にアヘン戦争なんかがあったんですから。それに対して断固独立国であり続けることができたというのは、これは本当に「アジアの奇跡」なんです。「そのことには誇りを持っていいんじゃないかな」と私は若者に言うんです。

ただ、その後、ヨーロッパ・アメリカ並みの植民地獲得競争―帝国主義に参加してしまって、東アジア世界の各国には迷惑をかけたんですが、しかしそれは西欧先進国という先輩たちが先にやっていたことです。だいたい一五世紀末、一六世紀くらいから、ずーっとやっていたのを、遅れて真似ただけなんです。

だから、アジアの人に迷惑をかけたのは確かですが、世界レベルでいうと先輩たちのほうがよっぽど早くからでありよっぽど悪い……と言うと、「岡野さん、右ですか」という話にまたなるんですが、「それは違う」と。歴史の事実のことを言っているんです。

とにかく、日本人はそういうことができた国民です。当時は西洋モデルで近代国家をつくった。特に大日本帝国憲法は立憲君主国のドイツ憲法を真似たんだそうです。あれは、同じ立憲君主国でもイギリス憲法を真似ておいてくれれば良かったかもしれません。立憲君主制というのは民主主義と矛盾しないからです。イギリスこそは民主主義のふるさとですからね。そしてスウェーデンも、今でも王国でありながら、徹底した民主主義の国です。つまり、象徴王政と民主主義は矛盾しない、賢くやればちゃんと両立するんです。

だから、私は日本の左翼に言いたい、「天皇制を廃止するなんてことを言うから支持が得られないんだ」と。それは民主主義となんら矛盾しないんだから、「象徴天皇制は維持します。民主主義を進めましょう」と言ったら、多くの穏健で心ある国民の支持が得られると思うんですが、そこのところがわからない柔軟性のない左翼が多かった・多いみたいです。

とにかく言いたいのは、スウェーデンというモデルがすでにつくられてあるので、もし日本人に明治維新直前のような国民の志があったら、それは必ずできるということです。一五年でできたことなら一五年でできます……さすがに一五年じゃきついかな（笑）、でもそんなもので、本気になったらできます。だから、あとはやる気の問題だけです。

最後、ご存知の方も多い上杉鷹山《うえすぎようざん》の和歌で終わりにします。

なせばなる　なさねばならぬなにごとも　ならぬはひとのなさぬなりけり

やはり、やらないからできない。やればできる。「何事か成らざらん」と聖徳太子もおっしゃっています。やはり偉い人は言うことは同じです。どんなに困難に見えても、それが真理に合ったことであって、そしてそれを本気でやる人がいたら、できる。だから、日本人も本気になればできる。あとは、どのくらいの数の国民がどれくらいの期間で本気になれるかという課題が残っているだけだと思います。

第六講

「自立と連帯」という国民性

今回は、スウェーデンがどういう歴史的プロセスを経《へ》てそういう国づくりができたのか、重要だと思うポイントに絞ってお話をしていきたいと思います。

スウェーデンには非常に早い時期から人が住んでいたようです。そして八世紀から一〇世紀頃が、私たちがイメージとして知っているいわゆるヴァイキングの時代です。

このヴァイキングはすべて海賊という感じで捉《とら》えられがちですが、区別しなきゃいけないのは、海賊型と商業型ヴァイキングがいたということです。

ノルウェーのヴァイキングは海賊型が多かったんだそうですが、スウェーデンのは「商業ヴァイキング」と呼ばれています。基本的には、要するに交易をするんです。と言っても、もちろん当時の交易・貿易と海賊行為はかなり入り混じっていますので、海賊行為を一切しなかったわけではないでしょうが、しかしスウェーデンのは基本的にはちゃんと貿易をする商業ヴァイキングだったといわれています。

しかし、海賊型ヴァイキングであれ商業ヴァイキングであれ、非常に重要なことは、船団を組んでやっていくわけで、その場合、基本的には各船ごとそれぞれが責任を持って商売や戦いをやらなければいけない。しかし同時に、事あった時には全体として協力してやる、やらなきゃいけない。つまり、のちのスウェーデンの合言葉「自立と連帯」はヴァイキング船団にも当てはまることで、それぞれ自分のことは自分で責任を持ってやらなきゃいけないけれども、同時に連帯しなければ商業も戦いも力が発揮できない。そういう生活形態が、「自立と連帯」という国民性を生み出す一つの大きな基礎になっているようです。

それからもう一つ、これは聞き取りをした時、スウェーデンとフィンランドの両方の市民の方が言っていましたが、「何しろ寒い国ですからね、冬は厳しいんです。だから、とにかく私たちは助け合わなきゃ生きていけなかったんです」と。

でも、助け合わなきゃ生きていけないといっても、誰かが誰かに寄りかかって甘えていたのでは共倒れになってしまいますから、自分のことはできるだけ自分で責任を持ってやっていかないといけない、けれどもどうしても困ったらできるだけ助け合うという体制でいかないと、相互に生き延びていけない。その気候の厳しさ、特に冬の厳しさが、自分のことは責任を持って自分でやると同時に、いざとなったら助け合うことによって生き延びていかざるをえなくした。それが「自立と連帯」がスウェーデンの国民性になる自然条件だったわけです。

つまり、商業ヴァイキングという経済的・社会的条件も厳しい冬の気候という自然的条件も、「自立と連帯」という非常に優れた国民性を生み出す元になっているのと言ってまちがいないだろうと思います。

キリスト教が国民性を育てた

そして一二、三世紀頃に、カトリックのキリスト教が伝わります。キリスト教のプラス面は言うまでもなく「愛」という思想です。それから、神の子としてはいかなる身分の人も神の前に「平等」である。そういう考え方がキリスト教のプラスの面としては伝わります。しかしキリスト教は、身分の違いを神が決めたこととして固定化する理屈にもなりうる。つまり、「神が私を王にした。貴族にした。おまえは元々農民になるように神が決めたのだ」という理屈をつけると、身分制のイデオロギーにもなりうるわけです。

しかしスウェーデンでは、カトリック、そしてやがてプロテスタントに改宗しますが、どちらにしてもキリスト教のプラス面が非常に国民性を育てた、と言っていいと思います。

そして一三五〇年過ぎ、なんと驚くべきことに、「国の基本法」というものが制定されています。王の義務、王というものはいかなるべきものであるかということがはっきり文章化されたものがあるんだそうです。「王は、法および王自身の力により、あらゆる正義と真理を強め、愛し、全うせよ。すべての悪と偽りとを打ち破れ」と。つまりまあ、日本ふうに言うと勧善懲悪《かんぜんちょうあく》ですね、それが王の義務だ、と。だから、そもそも王という権力の座に就《つ》くということは、社会に正義を実現するためだという権力者観ですが、本気でキリスト教を信じたら権力者観は必ずこうなるはずなんです。

例えば、新約聖書の『マルコによる福音書』（一〇・四二―四四）には、「あなたがたのしっているとおり、異邦人の支配者と見られている人々は、その民を治め、また偉い人たちは、その民の上に権力をふるっている。しかし、あなたがたの間では、そうであってはならない。かえって、あなたがたの間で偉くなりたいと思う者は、仕《つか》える人となり、あなたがたの間でかしらになりたいと思う者は、すべての人の僕《しもべ》とならねばならない」というきわめてラディカル（根源的・急進的）な権力者観が語られています。

ここで一言言っておきますと、一三五〇年過ぎですから、ずいぶん昔だということもできるんですが、すでに学んだように『十七条憲法』は六〇四年で、古さがまるで違う。スウェーデンがヴァイキングをやっていた頃は、もう日本は例えば奈良の都だったりするわけです。だから古代においてははるかに先進国です。しかし途中プロセス、特に近代で負けてしまった。けれども、日本はベース・原点は早くから持っている。ですから『十七条憲法』を本気で実行する指導者たち、あるいはそれを共にやろうとする民衆たちがいたら、日本はもっと早くにもっといい国になっていたかもしれない、とも言えるわけです。

拾っていきますので細かいところは端折《はしょ》りますが、スウェーデンではすでに一五世紀、一四〇〇年代、国会が成立して、農民も代表を送ることができるようになっている。これは、のちに民主主義が非常に成熟する元になっています。もうここで、王や貴族だけの専制政治ができなくなっているんですね。

それから、もう一つ近代に向けて重要なのは、一五二〇年から二一年にかけて、スウェーデンは独立した民族国家になっていくんですが、この時、カトリックに所属していると、ヨーロッパ全体に対するカトリックの支配体制から逃《のが》れられないということと、それから教会が非常に財産を持っていて、それを国が自由にできないという事情もあったらしく……というか、宗教的理由よりは主として政治経済的理由だったようですが、指導者たちがプロテスタントに改宗していきます。改宗してしまえば、カトリックの中央統制を受けなくてもいいし、それからカトリックの修道院が持っている膨大な財産を国家が全部没収してしまえるわけです。

そういう事情だとはいっても、それ以前にカトリックを信じていたわけですから、指導者たちも、受け入れた以上は、今度はプロテスタントの信仰について真面目にならなければなりません。日本と決定的に違うのは、聖徳太子は明らかに仏教の中身を理解して導入していますが、この時の指導者たちは、政治的な理由で「プロテスタントのほうが使いやすいぞ」(笑)という感じだったようです。けれども受け入れた以上は、自《みずか》らもやはりプロテスタント式のキリスト教教育を受けざるをえないし、もちろん国民にはプロテスタント式の国民教育をしていくわけです。これが近代のスウェーデンの国民性を大きく形成したと言っていいと思います。

さらに一八世紀になりますと、北欧では、デンマーク、スウェーデン、フィンランド、ノルウェーの間で……特にデンマークとスウェーデンが主ですが、どっちがどれだけ領土を取って、どっちがどれだけ領土を取り返してといったことがいろいろありました。そのいろいろあった事情を細かくやっていると果てしがないので端折りますが、スウェーデンがかなり広い領土を持っていた時代があり、それを「バルト帝国」といいます。バルト海周辺の非常に広い、帝国といってもいいぐらいの大きな領土を持っていた時代があるんですが、それを失ったあと、スウェーデンは大国主義から小国主義へという大転換を行なっています。その時に、無血革命で新しい憲法が定められ、王ではなくて国会に最高権限があるという形になって、徐々に民主化が進んでいったんです。そして、さらに新しい憲法が一八〇九年に制定され、これは一九七四年まで有効だったそうです。

こういうふうに、「一五二一年以来、スウェーデンでは六回に及ぶ王朝ないしは憲法の変革があった。その六回のうち四回までは流血を見ない革命だった。同じ三〇〇年の間に、スウェーデン社会は徹底的な変革を三度経験した。それらも、おおむね平和裡《へいわり》に進行した。……スウェーデンでは、フランス革命が無数の激しい暴動によってかちとったものを、それほど劇的にではないが、見方によればそれだけ効果的に、手に入れた……」（I・アンデション／J・ヴェイブル『スウェーデンの歴史』文眞堂）というわけです。これはスウェーデンの非常に特徴的なところで、うらやましいですね。

こういうことがなぜ可能になったかというと、やはり王さま自体も、王であるということはどういうことなのかという古代法的な王の自覚と、それからキリスト教的な「王たる者はかくあるべし」という自覚を一定程度持っていて、特に近代では「啓蒙君主」あるいは「開明君主」と言いますが、非常に進歩的な精神を持っていた王さまが、比較的多かった。そうでない王さまも時々出てきますが、全体としては、非常に教養があって開明的で、民衆たちよりもむしろ自分で社会改革を進めようというタイプの王さまがいて、そういう王たちが、貴族たちや、あるいは貴族と一緒になった民衆たちに突き上げを食らうと、血を流さないで妥協して、どんどん権限を委譲していくということが起こったようです。

こういう、王も貴族も民衆も、血を流すことをあまり好まない、なるべく平和に妥協していこうという国民性が、流血を見ないで徐々に徐々に社会を変化させていく、いわば近代化させていく一つの大きな要因だったようです。

スウェーデンと日本の違い

比較でいうと日本では、平安末期の戦乱以降、武将たちが自分の武力によって得た一つの土地・領地に命を懸《か》ける——まさに「一所懸命」っていうのはそういう意味だそうですが——というあり方ですから、トップであるのは氏族のためではあっても、「民衆全体のため」という理念はなかったんじゃないかと思います。平清盛《たいらのきよもり》なんかはどうだったんでしょうね。そういう儒教的な理念が戻ってくるのは、武士たちが儒教教育を受けてからではないでしょうか。

鎌倉時代の武将たちも、戦乱がいちおう収まると、京都の貴族に対する対抗措置として、ちゃんと教養を身につけようとしています。その場合、すでに学問としてあったのは唐の時代に日本に入ってきた儒教で、それは平安貴族というか京都の貴族の教養です。それに対抗するために、鎌倉武士は宋《そう》の時代の新しい儒学を学んでいくんです。

そこは面白いですね。新しい階級がトップになると、やはり格好をつけなければいけないので、教養を身につける。その場合の主な教養は、今の新しい中国の教養だというので「宋学」と呼ばれていますが、宋学としての儒学と、それと結びついた禅だったようです。鎌倉以降室町あたりの禅僧を見ると、禅僧でありながら儒学者という人がたくさんいる。というか、あの頃の儒学はほとんど禅僧が教えているんです。

禅僧と儒学者が分化していくのは、徳川時代に入ってからです。徳川幕府の御用学者・林羅山《はやしらざん》も元は禅僧だったんですが、やめて儒学オンリーになっています。

そういうふうに日本では、権力者たちが、「権力者は民のために権力の座に就くんだ」という儒学の思想を学び直すんですが、学び直したことで本気になった人が、徳川時代に若干、名君と呼ばれる藩主の中にいます。儒学の建前を非常に本気に実行した代表的な人は上杉鷹山《うえすぎようざん》でしょうね。そういう名君もいましたが、全体としてはなかなかそういうふうにはならないですから、スウェーデンのように民衆と貴族つまりいわば家臣団が突き上げてくると、王さまのほうが譲って、「では、少し改革しましょうか」みたいにはなりませんでした。若干そういうことが起こるのはようやく幕末になってからです。

そういうところが、スウェーデンと日本が大きく違う一つのポイントだろうと思います。

ヨーロッパ北辺の貧しい農業国家

スウェーデンでは、日本でいうと江戸末期、一八二〇年代は人口の九〇％が農民で、しかもその七五％ぐらいが農村居住の非常に遅れた旧式の農業をやっていた。ですから、非常に貧しくて、「スウェーデンはかつてヨーロッパ北辺の貧しい農業国家であった」という決まり文句があるくらいです。つまり北の端《はし》のほうの気候条件の非常に悪い所にあって、江戸期の日本は、特に南になればなるほどかなり豊かな農業国家だったんですが、スウェーデンは「貧しい農業国家」という言葉がそのまま当てはまるような国だったようです。

それで、どうにも食っていけないので、すごくたくさんの人がアメリカに移民をしています。一八一五年、人口は二五〇万人しかおらず、一九〇〇年で五一〇万、倍強になるんですが、その間に、少なく見積もって八五万人が北アメリカに移住したといわれていますから、人口の二〇%近い数が、食っていけないからアメリカに逃げちゃったわけですね（笑）。

日本で、何年か前に『一杯のかけそば』という、涙の出るような――結局は作り話だったそうですが――話がありました。非常に貧しくておそばも食べられない家族が、暮れに一杯のかけそばを家族何人かで食べました、という涙ぐましい話ですが、スウェーデンでは、ジャガイモ一個が家族数人の一日の食事だったという実話があるそうです。そのくらい貧しかったのがこの時代です。

本当に食べていけないから、国民の相当数が逃げ出してアメリカに行くしかないという、そういう非常に貧しい農業国家だったのが、近代のみごとな工業国家になり、福祉国家になり、そして今や緑の福祉国家を着々と建設しつつある、そういう話になっていくわけですが、もう少しそのベースになっている国民性はこういうふうにして形成されてきたという話を続けます。

プロテスタントの信仰と国民性

先にお話ししたとおり、スウェーデンの貴族たちは、一五二〇―二一年あたりから、プロテスタントのルター派に改宗しました。プロテスタントにもいろいろな派があるんですが、もっとも大きい派の一つで、宗教改革者として有名なマルティン・ルターがいわば開祖になっているルター派がやがてスウェーデンの国教になりました。

国教とは、つまり王さま以下国民隅々《すみずみ》に至るまで基本的にはこれを信じなさいという、制度化された宗教です。ですから、日本では想像しにくいことですが、牧師さんはつい最近まで国家公務員で、非常に社会的な名誉と地位と収入のある職業だったんですね。

戻りますと、ルター派では、ルターがある時期から「無知な農民たちをちゃんと教育しなきゃダメだ」と考えて、『教理問答書』、つまりキリスト教の教理はこういうことだということを問答形式で勉強させるテキストを書いています。『教理問答書』には大きいものと小さいものがあって、特に『小教理問答書』は、ある時期からスウェーデンの国民は全員ちゃんと読まなきゃいけない必読文献になっていて、そこには「モーゼの十戒」とか「主の祈り」などの基本的な文章が解説付きで載っかっているんです。

みなさんの中には『ニルスの不思議な旅』（少し違ったタイトルの訳もありますが）という児童文学をお読みになったことのある方もいるでしょうし、読まなくても話は若干知っていると思います。でもあれは、日本で子ども向けに紹介されてきた部分だけでなく、全訳をちゃんと読まないとわからない部分があるんです。偉そうに言っていますが、私もスウェーデンの勉強を始めて、「ああ、昔読んだのはどうも短縮版で、全訳版じゃないんだな」と気づいて、全訳版を読んでみたんです。そうしたら、とてもよくわかりました。

あれは近代スウェーデンの状況がよくわかる本なんですが、一番最初のところで、ニルスはどういう状況にいるかというと、いたずらばかりしていて、両親の言うことを聞かない。日曜日で、お父さんお母さんは教会に行くんですが、ニルスは「行かない」とストライキを起こす。お父さんお母さんは困ったんですが、妥協して「じゃあこれだけは読んでおきなさい」と、本（つまり『小教理問答書』）を置いて教会に行くんです。ニルスは一、二ページ繰《く》って嫌《いや》になってまた悪さを始めた時、小人に出会って小人にされ、そして旅に出るわけです。

あそこに書かれているのは、まさにルターの『小教理問答書』がそれまで国民性をつくってきました、でも近代化された子どもはそれを勉強しませんでした、でもニルスは最終的には立ち直りましたという話なんですね。どうやって立ち直るかというと、スウェーデン中を巡《めぐ》ることによって、「ああ、スウェーデンっていう国はこういう国なんだ。生きるってこういうことなんだ」と知る。そして一緒に飛んだ鳥たちから「自立と連帯」のトレーニングを受けた結果、やっと立ち直っていい子になって戻って来る、と。

あれは要するに、前近代から近代にさしかかって、伝統的キリスト教の教義や倫理を受け入れようとしないで不良化しかかった子どもが、近代化のプロセスを経て、いわばヒューマニストとして立ち直るという物語として読めるんです。

それはともかく、『小教理問答書』はかつてスウェーデン国民がみんな読まなきゃいけない本だったわけで、それはスウェーデン国民の大半は字が読めたということでもあります。

これはフィンランドで聞いたんですが、スウェーデンも同じで、結婚は教会でするんです。その場合、牧師さんは、聖書を読めなければ結婚させせない。だから、スウェーデンやフィンランド

の若者たちは、結婚したいばかりに必死になって字を覚えて、聖書をちゃんと読めるようになる。そうならないと結婚できないし、大人になれませんから。

そのことが、のちに工業化された時、文字で書いてある面倒な機械のマニュアルなんかをちゃんと読みこなして使えるような知的レベルの高い労働者を生み出す基になっている、といわれているそうです。プロテスタントの教会教育のおかげで文盲率が非常に低かったんですね。これを聞いて、「おお、なるほど」とうなずきました。

実を言うと日本も、江戸中期以降の寺子屋教育が、日本国民の中に字が読める階層をかなりつくったんです。当時としては日本も識字率の非常に高い国だったようです。これが明治以降の尋常小学校に非常にスムースに移行できて、そして日本も急速な近代化をやり遂げる時、知識の必要な労働をこなせる労働者が調達できたという理由になっています。

ですからどちらも、教会の民衆教育、お寺の寺子屋――元々お寺がやっていたから寺子屋ですが――などでの国民教育が、近代化の基礎になっているわけですね。

戻りますと、そういうわけでスウェーデン・フィンランド国民は、プロテスタントのクリスチャンですから、原則的には日曜日必ず礼拝に行かないといけないんです。同時に、当時娯楽がなかったので、教会に行って牧師さんの話を聞いて、そのあと牧師さんの奥さんとかがお料理を教えてくれるとか、みんなで集まって、「今週こういうことが家であって」「あそこの家でこういうことがあって」みたいな世間話をする社交場でもあったわけです。

フィンランドの教会で聞きましたが、フィンランドもスウェーデンもとにかく森と湖の国なん

ですね。だから、村と村が湖で隔てられていることが多く……残っているボートを見せてもらいましたが、一〇〇人乗りというボートがあって、それをみんなで朝から漕《こ》いできて、朝の礼拝時間の八時とか九時とかに教会に集まるんです。そして、日暮れ、村に帰るまでなんとか明るくてボートが遭難しないくらいの時間までいるんだそうです。日曜日は朝から晩まで教会にいて、勉強したり娯楽の時間を持つという中で、国民性がしっかりと形成されていきます。

プロテスタントでは、毎週必ず一定時間聖書を元にしたお説教をします。ですから、毎週のように宗教教育・倫理教育をちゃんと受けるわけです。

スウェーデンの国民は、そういう状況でいろいろ聖書の教えが教えられるんですが、もっとも代表的には、「コリント人への第一の手紙」（第一二章）のような言葉も教えられるんです。

「実際、からだは一つの肢体だけでなく、多くのものからできている。…もしからだ全体が目だとすれば、どこで聞くのか。もし、からだが耳だとすれば、どこでかぐのか。そこで神は御旨《みむね》のままに、肢体をそれぞれ、からだに備えられたのである。…」

ちょっと中断して解説しますが、これは、共同体とメンバーの話です。直接的には教会と信者さんの話ですが、スウェーデンやフィンランドは村落共同体がそのまま教会共同体ですから、それにぴったりそのまま当てはまるものとして教えられ聞かされるわけです。

「そこで神は」、つまり絶対なるものが、ということです。「御旨のままに、肢体をそれぞれ、からだに備えられたのである。目は手にむかって『おまえはいらない』とは言えず、また頭は足にむかって、『おまえはいらない』とも言えない。そうではなく、むしろからだのうちでほかより

も弱く見える肢体が、かえって必要なのであり、からだのうちで、ほかよりも見劣りがすると思えるところに、ものを着せていっそう見よくする。麗《うるわ》しくない部分はいっそう麗しくするが、麗しい部分はそうする必要がない。神は劣っている部分をいっそう見よくして、からだに調和をお与えになったのである。それは、からだの中に分裂がなく、それぞれの肢体が互いにいたわり合うためなのである。もし一つの肢体が悩めば、ほかの肢体もみな共に悩み、一つの肢体が尊ばれると、ほかの肢体もみな共に喜ぶ。あなたがたはキリストの体であり、ひとりびとりはその肢体である。」

この言葉を真に受けたら、これはもう連帯するしかないですよね。キリスト教ではもちろん「愛」というわけです。「愛し合わねばならない」ということが、神という絶対の権威に基づいて、毎週のように教えられるわけですから、それはちゃんと聞いたら「人間っていうものは助け合わなきゃいけないんだ」「自分勝手に生きるものじゃないんだ」、そしてまさに「麗しい部分は放っておいてもいいが、麗しくない部分こそカバーしなければならないのだ。だから富んだ人や頭のいい人や力のある人が貧しい人や力のない人をカバーしていくことこそ本当の共同体というものなので、その共同体として生きるということを、神さまがあなたがたに命じたんですよ」と、こんな話を聞いていれば、それはまあやはりちゃんとやりますよね。

これが建前にしかならなかったキリスト教国と、かなり本音になったキリスト教国がある。北欧諸国は、リーダーたちもかなり本音で受け止めた国のようですね。牧師さんのほうが神さまに近いわけで、王さまだって毎週のように牧師からこういう説教を聞かされるわけです。すると、

「おれは王さまなんだから、人よりもいい目を見たっていいんだ」みたいには思いにくい。それどころか、「優れているものは優れていないもののために存在するんだ」と教えられていますから、やはり「王というものは民衆のためにある」ということが、建前としては王さまも貴族もちゃんと頭に入っているし、本気の人も相当いたというのが、なだらかな民主化を可能にしたもう一つの大きな要因だったと言っていいと思います。

なだらかな民主化と大人の国

そういうふうになだらかに民主化が進んでいくんですが、その時代の中で、近代のフランスやドイツなどが啓蒙思想という形の、いわゆる近代的な思想を形成していきます。そしてそれが非常に過激な形になったのがフランス革命であるわけですが、スウェーデンはそういうものの影響を受けながら、しかし過激ではない変革をしていきました。

この間勉強していて、「ああそうなんだ」と面白かったのは、スウェーデンの女王でクリスチーナという人がいるんですが、この人、なんとヨーロッパ近代主義の祖であるルネ・デカルトを家庭教師に招いているんです。毎日ストックホルムの王宮の図書館で、あとは公務があるからでしょう、朝五時頃から講義を受けたらしい。女王さまは寒いところの生まれだから、寒い図書館で暖房があまり効いていなくても平気だったらしい。ところが、デカルトさんはフランスの比較的暖かいところの出身で寒さに弱かったらしく、風邪を引いちゃって、肺炎を起こして死んじゃったんです（笑）。気の毒ですが、とても面白いエピソードだなと思います。そういうふうに、女王なども近代啓蒙主義的な考え方の勉強をちゃんとするという国なんです。ですから、話がわりにすんなりいくということですね。

それで、少しずつ議会制度もより民主化されていきました。一八六五年から六六年、日本では明治維新の少し前、それまでは、四部会制といって貴族と僧侶と市民と農民がそれぞれ四つに分かれて議会をやっていて、農民が参加できるのは農民だけの部会で、最終決定権がなかった。最終的な決定は貴族や僧侶がすることになっていたのが、貴族・僧侶が上院で、市民・農民が下院ですが、上院・下院が対等の権限を持つ二院制になっています。

ですから、日本がまだ明治維新をようやくやろうとしていた頃、二院制議会がしっかりと確立していて、次第に自由主義的な民主主義が広がり、投票権が国民全体に徐々に徐々に広がっていきました。

それから、一九世紀末まで、外交政策の決定権は国王にあったんですが、いろいろな事情があり、国王自身の意思もそうで、ここで非常にはっきりと中立を確認して、ナポレオン戦争が終わって以降、ずっとスウェーデンは中立政策を維持し続けてきています。

日本との比較で重要なのは、徹底的に中立政策を採ってこの二〇〇年くらい戦争をしていないことです。これは、日本が徳川時代二六〇数年の長期の平和を保ったのに匹敵します。その間、世界は、大きいところでは第一次大戦、第二次大戦をやっているんですが、その第一次大戦も第二次大戦も、戦争に参加しないで中立主義を徹底的に貫いています。

その場合、現代の日本との対比でぜひ覚えておくべきことは、スウェーデンは徹底的な「武装中立」だということです。スウェーデンの軍事技術は今でも世界最高水準で、ちょっとずるいといえばずるいんですが、けっこう兵器の輸出もしています。「自分からは決して戦争をしません。でも攻めてきたら怖《こわ》いですよ」というだけの軍備を整えておいて、その最新鋭の軍備を戦争する国に売って儲《もう》けたりしている。

そのあたり、スウェーデンは、評価の仕方ではけっこうずるいところがあるというか……私は「ずるい」というより「大人の知恵」というか「巧妙」というべきだと思いますが、実に巧妙ですね。きれい事だけでやっていません。きれい事だけでやっていないけれども、理想は徹底的に貫こうとする。理想を徹底的に貫こうとするけれども、現実のお金のことや勢力関係のことなどは非常に早くからしっかりと現実主義的にさばく。だから私は、非常に大人の国だなと思います。

労働組合と社会民主労働党

ここから先、いよいよ近代の福祉国家、それから緑の福祉国家に向かう基礎になった労働運動、広くいうと国民運動が起こり、そして国民運動の中の特に労働運動をベースにしながら、社会民主労働党が現われてきます。この労働組合と社会民主労働党が、福祉国家、緑の福祉国家を推進する原動力です。

この原動力がどう形成されてきたかを見ていくと、一八〇〇年代の末頃からで、社会民主党が結成されたのは一八八九年です。日本の明治時代、ヨーロッパでは社会主義が現われてきて、激動の時代です。そして、ドイツに社会民主党というのができてくる。

その前に、ドイツ社民党が、「社民党というのは、こういうふうに考え、こういうふうに行動するのだ」という『ゴータ綱領』という文章をまとめます。これは、『ゴータ綱領批判』という著作があるように、マルクスは非常に批判したものですが、ヨーロッパの社会民主主義のベースになったもののようです。

スウェーデンでは、パルムという人が、デンマークに行って、社会主義にいわばかぶれて、『ゴータ綱領』のデンマーク語訳の引き写しのような形で、社会民主主義協会を設立したといわれています。この人は、自伝が『あるアジテーターの生涯』というタイトルであるとおり、要するに民衆を扇動して暴力的な革命を行なうというタイプの社会主義を信奉していた人です。この人は仕立屋さんつまり労働者、知識人ではない階級の出身です。

つまりスウェーデンでは、労働者階級をバックにした暴力革命を目指すような社会主義がまず入ってきたわけです。

ところが、ちょうど同時期にブランティングという若者がいまして、この人は大学卒で大学の時には天文学をやっていたという面白い経歴の人です。卒業後、ジャーナリストとして社会人生活を始めています。元々自然科学的な素養がある人で、こういうリーダーの伝統がこういう段階から、スウェーデン社会民主党や政府が自然科学者や社会科学者の提言や警告をすんなりと受け止めて、それを政治のプロセスで実現していくという、科学者と実践家・政治家とのとてもいいコミュニケーションのベースが築かれたようです。

この人は人格的にも思想的にも穏健な人だったようです。暴力革命でやるか、それとも普通選挙を通じて徐々に社会変革を目指すかという路線闘争が初期にあって、かなり激しい論争があったようですが、ここでも平和を好むスウェーデンの国民性がそうあらしめたと言っていいと思いますが、結局、ブランティングのほうがリーダーに選ばれていきます。

岡沢憲芙『スウェーデンの挑戦』（岩波新書）で、「スウェーデン社会民主党初代党首のブランティングの資質が非常に重要だ」と指摘されているとおり、ブランティングという人の人間性、非常に穏健で大人の知恵を持っていたということがのちのスウェーデンにとってはとても幸いしていると思われます。

暴力革命ではなく議会主義革命

まず第一の路線闘争は、暴力革命か議会主義革命か、でした。時代というのは本当に面白いと思うんですけれども、ブランティング（一八六〇―一九二五）とほぼ同世代で、ロシア革命のリーダーであったレーニン（一八七〇―一九二四）はまさに暴力革命派で、ブランティングは穏健な社会変革派でした。

最近、学生時代に読んだ本を引っくり返して、「おっ」と思ったんですが……その頃はブランティングのことは全然頭の中に入っていなかったんですけれども……レーニンの『国家と革命』という本などには、「カウツキーを代表とするような社会民主主義者たちは、正しいマルクス・レーニン主義に対して、背教したとんでもない連中だ」と書かれています。レーニンには『プロレタリア革命と背教者カウツキー』という本もあるんです。「スウェーデンのブランティングも、その一味だ。要するにカウツキーと同じようなダメな連中だ」とちゃんと書いてあります。当然と言えば当然ですが、レーニンの視野にはブランティングのことも「あいつはダメだ」という感じで入っていたんですね。

昔そういう本を読んで「ふむふむ」と思ったのが良くなかった（笑）。そのせいで、私本人は穏健派だったにもかかわらず、「なんだ修正主義か、社会改良主義か、あんな不徹底なものではダメだ」といった印象を持っていたなあと思います。

ほぼ同世代の人で、本当に有効で妥当性のある社会主義国家をつくったブランティング—スウェーデンと、スターリンの粛清《しゅくせい》などで多くの犠牲者を出しながら結局は崩壊してしまうようなソ連をつくったレーニンと、やはりスタートのところから違うんだなあと、勉強しながら歴史の不思議さを思います。

一党独裁ではなく議会制民主主義

つまり、マルクス・レーニン主義者は、一党独裁。プロレタリアート、つまりまったく資産を持たない労働者が一つの党をつくって、その党が独裁をすることが本当の民主主義をつくるんだと、『国家と革命』にはっきり書いてあるんです。「今ソ連はそれを実現しつつある」と……あとの歴史を見たら大ハズレで、一党独裁はスターリンによる個人の独裁に陥ってしまったんですが、レーニンはその時には本気で信じていたのでしょうね。

ところが、社会民主主義の人たちは、政権を担当したあとも複数の政党のままで、要するに代議会制の選挙による支持を得られたら、政権を維持するし、もし支持を得られなくなったら、政権の座を降りる、と。議会制民主主義は堅持して、一党独裁はやりませんというのが決定的な差なのです。暴力革命――一党独裁か、それとも議会主義で政権担当を目指し、担当したあとも、複数の政党による議会主義をそのまま堅持するか。

私たちは「社会主義」という言葉を聞いたら、一種類のような気がしてしまいますけれども、ソ連型社会主義と、北欧型社会主義、というか社会民主主義は、本来まったく違うものです。もちろん「すべての人を平等に」というかけ声は共通していると言っていいと思いますけれども、そのプロセスをどうするかについてはまったく違います。

柔軟な路線で第三の道を

それからあとのことまで先取りして言っておきますと、スウェーデン社会民主党はある段階から、生産手段の国有化という社会主義の主張も譲歩します。生産手段は私有制でやってもかまいません。そして経済に関しては、限りなく自由主義的にやってもいいですと、ある意味でいうと、譲歩・妥協です。ここのところが単なる妥協にすぎないというふうに七〇年代には私たちにも見えていた。

しかし、実は経済の切りまわしの仕方からいうと、すべてを国営化して、計画経済にしようとしてやったら、ソ連型共産主義の国はみんなうまく回らなかったんです。そして、自由主義的にやった西欧経済圏のほうがうまくいった。それもソ連や東欧の崩壊の大きな原因の一つです。ソ連型社会主義の国はいつまでたっても貧しい。貧富の差が出てプロレタリアートはひどい目に遭うんだと言われていた西欧諸国は、それなりの福祉国家をつくってしまった。それで、東欧やソ連の国民たちはこんなんじゃ嫌だと言って、それが崩壊の一つの基礎になっています。

スウェーデンはまさに自由主義型の経済でもなくソ連型社会主義の経済でもない、いわば第三の道を早い時点から選択したんです。しかしまだこの段階では、建前上の目標は国有―計画経済で、それを正式に放棄《ほうき》するのは戦後です。しかし、そこに向かう柔軟な姿勢というのが、ブランティングという人の資質、そして彼をリーダーとする社会民主労働党の路線でした。

自由と平等と連帯の追求

言うまでもなく、社会主義とは、基本的には、フランス革命の「自由・平等・友愛」という、あの三つの合言葉を引き継いで、それを社会全体で現実化することを目指すものです。のちのスウェーデン社民党では、「友愛」は「連帯」という言葉に置き換えられて、「自由・平等・連帯」の実現を目指す。これが社会民主主義です。いちおう自由主義国家もフランス革命以降、建前は自由・平等・友愛ですが、もっとも重視されているのは自由、しかも経済的自由です。経済的な不平等はかなり放置されています。社会が友愛社会・連帯社会になるようにという努力は、自由主義圏は十分にはやってこなかったんじゃないでしょうか。

フランス革命以降の合言葉のうちの自由だけが、しかも経済に偏重しながら追求されたのはアメリカ、平等もある程度追求しようとしたのがヨーロッパの「福祉国家」でしょう。平等と連帯を建前として強く言ったのですが、実態は、ソ連でも一種の階級制的なものが出来上がるし、非常に不自由で閉鎖的な社会で、決して本当の平等と連帯が出来上がったとは言えないと思いますが、その間に、自由も含めた平等と連帯を本気で追求し、かなりのレベルで実現したのが、スウェーデン社会民主党政府の歴史だとまとめてよさそうです。

急速な工業化を可能にしたもの

路線自体はそういうことで、ちょうどこの頃にスウェーデンが急速に工業化していきます。それができた原因について詳しくは、岡沢先生の分析をご覧いただきたいのですが、非常に簡単に言うと、スウェーデン国民は元々教育がゆきとどいていて、頭が良かった。近代合理主義の科学、技術、産業を発展させることができるような国民的な力、そしてその国民の中からのちのノーベルのような化学者が生まれるように、非常に優れた頭脳を持っている。そういう国民性が大きく影響している。

それから、スウェーデンは全体としては資源が豊富な国ではないんですが、鉄鉱石と森林は豊かだったんです。この二つが、近代の急速な工業化をするための外資を獲得するために役立った。鉄鉱石を輸出する。あるいは自国でそれを精錬して鉄鋼業を発展させる。それから建築やパルプ産業というところに、森林の材木が高く売れる。

特に中立を保っていると、ほかの国が戦争で焼けたりしたあと、非常に商売ができちゃうんです。スウェーデンの中立政策は、単に平和を希求したのみならず、戦争に加わらないことによって戦争で傷ついた国に自分のところの材木やいろんな物を売ってお金を儲けることにつながりました。だから、平和を貫くことと、お金を儲けることを一致させるという、すごく頭の良いやり方なんですね。それが急速な工業化を可能にしたようです。

急速に工業化していくと、貧しかった農民たちが都市に出てきて労働者になる。ところが身分保障がなされていない。そうするとそこに労働運動が起こる。そこのところが非常にうまくいったのは、早い時期に、穏健な路線の、しかし非常に統一性のある労働組合が出来上がったことです。

労働組合を支持母体に社会民主労働党が政治に関わっていく。その場合、資本家階級がいても、非常に強い労働組合があって、そして労働組合に支えられた社会民主労働党がやがて政権を担当していきます。政権を担当するんですが、資本家の首を全部切ってしまうというようなことは一切しないで、資本家との妥協路線をちゃんと出していきます。

資本家と労働者の妥協・協調

妥協路線の一番基本的なところは、資本の国有化を目指すのではなくて、労働者の利益を代表して資本家に何を要求するかというと、完全雇用を要求する。「ちゃんと働いて食っていけるようにせよ」ということを、労働組合とそれを代表する社会民主労働党が、資本家に強く迫る。資本家がそれをちゃんとやりさえすれば、労働争議は起こさないという話し合いが、ある段階でちゃんと成り立つんです。資本家たちも、労働争議を起こされるよりは完全雇用に努力したほうがいいので、なるべく努力しましょうということで、労働者たちがちゃんと食っていけるシステムをなるべくつくる。しかし資本家たちが、国外との貿易もやりながら、富を得ることは許容する。得た富は非常に傾斜の激しい税制で、再分配の際にはなるべく平等になるようにする。お金持ちが儲けることは許容する。ある程度儲けた分を自分のものにすることも許容するんですが、急傾斜の累進課税で、儲けた人はたくさん出しなさいということで、それを福祉という形で再分配することによって、なるべく平等にしましょう、と。

スウェーデンの財界がすごいのは、みんな元々はクリスチャンだからでしょう、資本家にも平等という価値観が非常に強く入っているようです。「ノブレス・オブリージュ（noblesse oblige）」という言葉があるように、「貴い身分の人は貧しい人を助ける義務がある」という考え方があって、それがちゃんと身に付いているらしく、累進課税でたくさん取られても、「まあ金持ちなんだからしょうがないよね」という感じで出す、という傾向がスウェーデンの金持ちにはあるようです。

スウェーデンには世界のトップクラスのお金持ちがけっこう何人もいるそうで、貧富の差がまったくないわけではありません。しかし、再分配のところでできるだけ平等にしようという手を取るわけです。資本家が自由な企業活動をすることによって利益を得る。それを許容することによって、経済・財政を活性化する。活性化した経済・財政で福祉をやる。「国有化しましたけど、国は経済がうまくいきません。国民は貧しいです」というソ連型の共産主義社会よりも、長い目で見るとよほど賢い手だったんですね。

草の根民主主義の基盤となった国民運動

もう一つ言うと、当時、農村から出てきた人たちは、それまでの地域共同体から出て来て都市の中で孤立した。そういう孤立した人たちの心の寄せ場所として、「国民運動」といわれるいろいろな種類の運動が起こったそうです。その代表的なものが労働運動です。

それ以外に、ルター派キリスト教会はかなり権威主義的ですが、もうちょっと自由にやろうという自由主義教会の運動があって、これはきわめて民主主義的です。ルター派は、教職者が信者に対する拘束をするという意味でも、教職者を教団本部がコントロールするという意味でも、かなり権威主義的ですが、自由主義教会はとても自由で民主主義的です。

それから、みんなが集まってスポーツ大会をやる国民的なスポーツ運動があり、また、非常に貧しくて娯楽がなかった時代に、スウェーデンではジャガイモからつくったお酒が唯一の楽しみという時代があったらしく、それでアルコール依存症も多かったようで、それに対して禁酒運動というものもありました。

労働運動と自由教会運動と禁酒運動とスポーツを中心に市民で一緒に娯楽をやりましょうという国民運動では、みんなが集まって対等の立場で話し合って事が決められます。そこに民主主義が草の根民主主義として育つという地盤があり、「国民運動がスウェーデン近代の民主主義の成熟を準備した」と言われています。

残念ながら、日本ではこういう国民運動が明治以降それほど盛り上がっていませんから、日本ではなかなか民主主義が成熟してこなかったんでしょうね。

多数政党の連合による政権担当

自由党が一九一一年に政権を担当します。これは自由主義的な民主主義を建前とするという党ですね。もう一九一三年には国民年金法が成立しています。もう一〇〇年くらい前です。驚くべきことですね。

それから一九一四年に、社会民主労働党が八七議席、これは半数にはいかないんですが、実質的には下院で主要な政党になります。この段階で、ほかの政党も、単独で多数を得るということがなかった。このことが今日までどこかの党が単独で政権を担当することがないという、多数政党の中の二党か三党がいつも連合することによって政権を担当するという、スウェーデン独特の民主主義の基盤がここでつくられたのです。

ですから、どこかの党が独走することができない、いつも話し合いと妥協ということでしか政治が進まない、という制度がここで出来上がっています。もちろん社会民主党は非常に民主主義を重んじていますから、自らの単独政権まして独裁ということを目指していないので、これでいいんでしょうが、こういう形で複数政党の連合による政権担当ということが、もう一〇〇年くらい前に基礎ができていて今日もずっとそうです。

絶えず妥協しながらやってきていますから、どうしても、お互いに政策が比較的近くなってくるんです。社会民主労働党も、時々政権の座を降りて、今は穏健党の人が首相ですが、福祉に関しても環境に関しても、社会民主労働党と、政策の大きな変更はほとんどないそうです。

「イデオロギーの終焉《しゅうえん》」は北欧の話

そういうふうに北欧圏では、各党間の基本的な政策が、経済財政と福祉と環境のバランスを取るというところでは、ほとんど同じになっちゃっているので、それで、「イデオロギーの終焉」ということが言われるようになったんです。各党がイデオロギーの違いでケンカすることはほとんどなくなってしまった。基本的な政策理念については、どこの党も同じようなものということが「イデオロギーの終焉」と言われているんです。

そこを取り違えて日本に持ってきて、「イデオロギーは終わったんだ」みたいなことを言っている人がいるようです。しかし、それは大変な取り違えで、日本は、新自由主義でいくか、それともケインズ主義でいくか、それとも今さらないでしょうけどソ連型社会主義か、それから北欧型社会民主主義かという、まだイデオロギーの時代です。つまり、政治と経済に関する思想と政策についてはっきりと対立があるんです。だから、日本ではイデオロギーは終焉なんかしていない、と私は考えています。でも、「イデオロギーをうんぬんしている時代じゃないよ」とさもわかったような顔をして言う知識人が多いようで、話が混乱して困るなと思うんですが。

確かに北欧では終わっている。イデオロギーはある意味では終焉しています。しかし、日本ではまだこれから、イデオロギー闘争をだいぶやらなければいけない。特に、新自由主義か北欧型社会民主主義かというイデオロギー闘争を、これからかなり本格的にやらなくてはいけないだろう、と私は思っていて、わざわざケンカしようというのではありませんが、どちらが、理論として、そして実際問題として、これからの国民にとって有効かということに関する徹底的な議論はしていかなきゃいけないなと思っています。

政権担当能力への国民の信頼

さて、一九一七年、これは第一次大戦中です。総選挙で、社民党と自由党が圧勝し、社民党と自由党の連立内閣で議院内閣制が確立します。ここで社民党は政権与党になるわけです。政権与党になった時、社民党自体の中に政権担当恐怖症がなくなった。リーダーたちは、「言ってはみたものの、いざ自分が政権を担当したらやれるのか」という不安も抱えていたらしいんですが、やってみて、やはりできたという自信を得、そして国民からも社民党には政権担当能力があるという信頼を勝ち取ったのが第一次大戦中です。

第一次大戦でも完全に中立を保ちます。先にも言ったように、中立を保つことが戦後の経済的繁栄をもたらす。また、戦争中も中立ですから交戦国のどちら側とも貿易ができる。戦っている側は、必死に戦争という浪費をして、インフラストラクチャー（社会基盤）が貧困になっていくところに、それを補充するための商売をスウェーデンがやって儲けてしまうんです。

一九一八年から二〇年頃、社民党では、党内の若手急進派は天然資源の国有化、生産手段の社会化、あるいは少なくとも社会的統制下に置くことを主張しましたが、自由党は、個人の所有権と自由企業を擁護《ようご》していて、ここで、社民党と自由党の路線対立がはっきりして、連立は無理ということになってきます。

しかし、一九二〇年に、社民党がブランティング内閣の単独政権を七ヵ月間だけですがやります。それから二一年から第二次で一八ヵ月間、それから二四年から第三次で二〇ヵ月間。この間の政策をとおして、社民党が政権を担当しても、独裁や非常な抑圧、言論統制といったことは起こらない、「社会主義」という言葉で国民がなんとなく恐れていたことを、社民党は全然やらないどころか、徹底的に民主主義を貫こうという姿勢を持っていて、しかも経済政策などでちゃんとリードする能力がある、という国民的信頼が確立しました。

この点が、残念ながら戦前・戦後を通じて日本の共産党や社会党が多数の国民的信頼・支持を得られなかったのとまるで違うところですね。

「国民の家」という理念

一九三〇年代のヨーロッパの大不況下、日本だったら、不況でそれどころじゃないという時代に、社会民主労働党政権は、財政政策で、老齢年金、福祉サービス、医療ケア、教育、その他各方面にわたる改革のための計画を着々と立てています。

それを貫いた理念は、一九三二年に首相になったハンソンという人が掲げた「国民の家」という理念です。「国家」とは、漢字からしても「国民の家」という意味ですが、ハンソンは「国家は国民の家（家庭）でなければならない」と言ったんです。つまり、それは元々のスウェーデンの自立と連帯という国民性を政治的な理想として、ちゃんと掲げ直したということだと思います。「国民全体が連帯をして助け合って、家族のように生きていくのが、国というものなんだ」という国家理想です。

失業や病気や老年というニーズが生じた時、社会全体で互いの面倒を見合う。国家全体をそういう家庭のようなところにしようという思想が、今日に至るまで続くスウェーデン社会民主労働党の理念であり、相当なレベルでその理念を実現してきたわけです。

これは、根本のところで『十七条憲法』の目指す「和の国・日本」・公・おおやけ・大きな家という国家理想とみごとに一致していると思います。

そして、このあたりで、マルクス主義的な「生産手段の国有化」という路線から離れています。一九三二年で、社会民主党は多数党になり、その時点でハンソンは四七歳です。スウェーデンでは、政治家が若いんです。ブランティングが党首になった時は二八歳です。今でもスウェーデンの首相はみな若くて、六〇代以上の政治家はほとんどいません。たいてい四〇代、五〇代。

それには、はっきりとした考え方があるんです。「若い者ほど長く生きる。長く生きる者ほど、長く責任を持つべきだ。だから政治は若い人がやるべきだ」というのが、スウェーデンの指導者の基本的な考え方で、政治家はそこそこの年代になったらあとに譲って引退してしまうんです。引退しても福祉制度が整っていますから、悠々と暮らせるんですが、それが主なことではなくて、やはり若い人が責任を持つべきだ、と。

しかも、近代スウェーデンの歴史を見ていくと、あとを託せるような若い世代が次々に育つんですね。スウェーデンの教育制度、特に社会民主労働党のリーダー教育の制度はすばらしい（かった？）と思うんですが、詳しい中身は、まだ勉強できていませんが、ぜひ勉強したいと思っています。

特に、一方で倫理性の高い理想と、もう一方、非常に大人の知恵、どうやって金を稼いでどうやって分配するかということをちゃんと計算できる、それだけの知恵を持ったリーダーが次から次へと生まれてくる、そういうリーダー教育をスウェーデンはどういうふうにやっているのか、これを知りたいですね。

そういうリーダーが生まれるベースになっているのは国民性だというところまではわかったんですが、社会民主労働党の基本的な思想はヒューマニズムであって、非宗教化されていますから、それでどうやって高い倫理性を育《はぐく》めるのかという点がよくわからないし、知りたいところです。

〔ごく最近知ってうなずいたのは、今でも総選挙が終わったあと、国会議員は全員教会に集まって牧師さんから説教を聞くのだそうです。それは、制度としての国教はなくなっても、社会習慣や文化としてのキリスト教精神は依然としてある程度生きているということだと思われます〕

次回、社会民主労働党綱領のポイントを拾いながら、和の国・日本の理想と非常に一致しているという話をしますが、とにかく高い理想と現実的な視点を持った、優れた若き政治的リーダーが次から次へと生まれてくる、後継者が育つという、その秘密がわかれば、日本も次の手が打てるんじゃないかと思っています。日本では、一番基の理念になるのは、『十七条憲法』の再発見ということだろうと思っていますが、ではどうすれば『十七条憲法』の理想を体得したリーダーを育てられるかということが次の問題です。

「混合経済」で「福祉国家」を目指す

スウェーデンでは、一九三二年にすでに、ある意味でイデオロギーが終焉しています。つまり、右も左も民主主義と議会主義でやっていく「混合経済」で「福祉国家」を目指すという路線が確立しています。

「混合経済」とは、基本的な形は自由主義的な経済でありながら、それが国民間の大きな不平等を生み出さないように最後は政府がコントロールするというやり方です。一切を資本家の好きにさせるという「自由放任」にはしない。最後の社会的コントロールはするんです。

その場合の手段は、基本的には税金対策と法律です。不平等があまりにも大きくなりそうだったり、経済そのものがうまくいかなかったりしたら、法律と税制で経済を誘導する。そういう意味ではまったくの自由主義経済ではないんですが、その手前までは徹底的に自由主義的に、資本家や各私企業が頑張ってお金儲けしてください、と。こういうやり方を「混合経済」と呼んでいます。この路線を日本でいうとすでに戦前に選択しています。

日本では、五〇年代も、六〇年代も、七〇年代も、知識人や学生の多くには、政治経済の体制としては資本主義かソ連型社会主義かという二つの選択肢しかないというふうに見えていたんじゃないでしょうか。

私も、どちらかというと社会主義かなと思っていたので、スウェーデン、北欧の「混合経済」に対しては知りもしないのに印象で「何、ただの妥協じゃないか。福祉国家？　小さな国が特殊にやっただけだろう。そのうち財政に無理がきてダメになって潰《つぶ》れるんじゃないか」といった多くの日本人が持っていた（いまだに持っている？）のと同じ偏見を持っていて、六〇年代末、七〇年代、ずっと気になりながらも本気で北欧のことを勉強しませんでした。私は、人生で学ぶことに関してはほとんど後悔したことはなかったんですが、この件だけは後悔しています。もっと三、四〇年前から勉強を始めてたらなあ、と。

ストックホルム学派経済学

大不況が起こった時、アメリカのニューディール政策に非常に似た市場活性化の理論、「ケインズ以前のケインズ理論」と呼ばれる考え方で対策が打たれました。経済学者として有名なのはケインズですが、実はストックホルム学派という経済学者のグループがスウェーデンの経済政策をずっとリードしてきて、この人たちがまさに新自由主義でもなければ、ソ連型社会主義でもない理論、この段階ではケインズに限りなく近い、でもそれからさらに発展しているんですが、とにかく非常に大規模な公共事業と赤字国債を発行して経済を活性化して、やがて活性化した経済から税収が上がってしばらくしたら財政が黒字になるという対策を打って、みごとに成功しています。

ストックホルム学派の経済学者で代表的なのはノーベル経済学賞も受けているグンナー・ミュルダールという人で、かつて日本でもかなり翻訳が出されて紹介されたのですが、残念ながら日本の経済学の主流になることはなく、経済政策に活かされることもありませんでした。これは、すごく残念なことですね。

「中長期」という言葉がありますが、スウェーデンの政治家や経済学者は非常に中長期でものを見ることができて、今は赤字国債で赤字財政になっても、これで経済が活性化すればやがて税収が上がるから、それで補填《ほてん》すれば財政を黒字にできる、という見通しを立てて実行し、一九三〇年代の経済危機をほかのほとんどの国に先んじて乗り切りました。

これは一九九〇年代のバブル崩壊の時の世界不況も同様で、スウェーデンは世界に先駆けて二、三年で乗り切っています。さらに、今回のリーマン・ショック不況も乗り切ったようです。金融不安に対しては、スウェーデンの対応が一番早く、国の財政で大変な額を出すと宣言しました。スウェーデンの金融界に対する世界的な信用はただちに、「国がそこまで予算を出すのか。ではスウェーデンの金融界は信用できる」ということになりました。そういう経済政策をちゃんと打てる国なんですね。

戻ると、大不況時代の経済政策の成功が社民党の政権担当能力への信頼を拡大し、長期政権の基盤づくりに貢献した。社民党は、数回、数年ずつ政権の座を降りたことはありますが、戦前から戦後に至るまでずっと長期政権でした。

一九三八年、ある種奇跡的とも言える労働組合と経営者の連合の協約が結ばれます。その時にストックホルム学派の経済学者で当時財務大臣をしていたウィグフォシュという人——戦後、「ケインズ以前のケインズ政策」と呼ばれる経済政策を立てて経済復興を成功させた人です——が、社民党と資本家が妥協するという有名なスピーチをしています。

「労働組合運動と資本家は、互いに他を抑制しようと望むべきではなく、共通の利益、つまり、生産性向上を達成するために協同すべきであることを認識する必要がある。」

わかりやすく言うと、「資本家と労働者が協力して、頑張って儲けましょう。儲けたらそのお金はなるべく社会的に公平になるように分配しましょう。労働者も労働争議を起こしたりしないで、協力して働くから、その代わり雇用はちゃんと保障してください」という協約を結んだんです。

「最低生活の保障」ではなく「水準生活の保障」

そういうわけで、スウェーデンでは非常に早くから、資本家と労働者が妥協・協力し合って生産に励むという方式が確立され、そうすると結局、経済が活性化し、しかも大きな累進課税をかけて再分配をすれば、社会的不平等が比較的少なくなる。

そういう場合、みなさんは、平等だ（という建前はある）けど貧しいのと、若干の不平等はあるが全体には豊かな福祉国家というのと、どちらを選択しますか。みんながすごく食い詰めた状態で平等だというのではなく、頑張った人があの程度になるのはしょうがないかなというくらい若干の貧富の差がありながら、社会全体はレベルアップされていて、一番低い層も比較的豊かに食べていけるという道を、スウェーデンは選択したんです。

スウェーデンの社会保障は、最低生活の保障ではなくて水準生活の保障です。失業しても、老人になっても、市民としての生活はこのくらいかなという水準は保障されるんです。日本のように、最低生活は保障されていると言いながら、実際はそれさえも保障されていないという保障ではありません。

しかし、それだけのことをやるには、社会全体を富ませなければいけない。社会全体を富ませるために、労使が協調して儲けていこう、と。しかしその場合、労働者が不公平を受けないように、企業家はできるだけ完全雇用を目指す努力をするという約束を取り付けています。これは非常に賢いやり方だったと思います。

ハンソンの時代、第二次大戦中、戦時統制経済が行なわれ、その名残りで政府が企業に対してコントロールを行なうことが定着したということです。日本の企業人は戦後にアメリカナイズされてしまっていますから、政府のコントロールはなるべく受けたくないという体質があるようです。しかし、スウェーデンは、戦争をしていないし敗戦していませんから、戦前の体制が戦後もそのまま続いたわけです。ですから、戦時統制経済の名残りのまま、政府が企業を統制しても、「こんなものだ」という感じで抵抗が少なかったようです。このハンソンさんは、戦後すぐ四六年に急死しました。

その後、エランデル（読みによってエルランデルというカタカナ表記もある）が、後継の首相になります。この人が長いんです。一九六〇年代まで、途中で短期間政権の座を降りることもありますが、一貫して戦後の福祉国家をつくり上げた首相です。それだけ国民的信認が厚かったということですね。

一九三〇年代の非常に厳しい時にすでに社会民主党政権は計画をちゃんと立てているんですが、第二次世界大戦後、一九四六年から五〇年にかけて実現していきます。老齢年金、児童手当、健康保険、家賃補助、教育改革、大学の拡充など高等教育と研究開発の諸分野で、新しい総合的な法律が施行されました。それから、急傾斜型の累進課税、所得再分配型の税制を施行して、経済的な平等化を試みる。

こういう形でお金をちゃんと稼いで、たくさん稼いだ人からたくさんの税金を吸収しながら、国民がなるべく平等であるように、しかも低いレベルではなくて高いレベルで平等であるようにという福祉国家をつくり上げていきます。

そして福祉国家をつくり上げながら、政治的には中立の立場をずっと保ちます。中立ではあるんですが、スウェーデンはいつも現実主義的でありながら理想を、理想主義的でありながら現実を見ているところがあり、外交においてもそうで、特に代表的なのは、六〇年代、のちにエランデルの後継者になったパルメは大臣でありながら、アメリカのベトナム戦争にははっきり反対の意思表明をし、首相のエランデルもそれを支持しています。だから、アメリカにとってスウェーデンというのは、あの頃からずっと目の上のたんこぶのようです。

スカンジナビアに生まれるという幸運

とにかく、エランデル政権の下で、世界有数の福祉国家、しかも、世界有数の工業先進国であって、非常に国際競争力も高い国として、自己確立をしていく。何回かあった不況もそのたびにみごとに乗り越えています。特筆すべきことは、一九七二年に、「国連人間環境会議」がスウェーデンのストックホルムで開かれていることです。その呼び掛け人が、実は引退したあとのエランデルなんです。引退してパルメに首相の座を譲ったあと何をしているかというと、楽隠居しているんじゃなくて、「これからは環境が問題だ。世界に向かって、環境の危機について警告を発する必要がある」と、環境問題のオピニオン・リーダーをやっているんです。

とにかく、ブランティングからハンソン、エランデル、パルメと四代続いて名政治家が出たというのは、本当にスウェーデンはすばらしいというか、国民は幸運だったと思います。

第二代の国連事務総長だったダグ・ハマーショルドが「スカンジナビアに生を享《う》けることは人生という宝くじで当たり券をつかむようなものだ」と言ったそうですが、戦後の北欧に生まれた人は世界中で一番幸運な国民なんじゃないかと、行ってみてもそう思います。ある国際ランキングでは国民が世界で一番幸せな国はスウェーデンではなくデンマーク、物差しによってはブータンだそうですが、しかしエコロジカルな持続可能性ではやはりスウェーデンが一番です。

日本も、これからこういうところを学び、『十七条憲法』という原点を再発見しながら、日本スタイルの「緑の福祉国家」をつくっていくことは可能だと思います。それに、可能か不可能かの話以前に、そういう国をつくらないと先がありません。

ですから、これは可能であると同時に必然であって、ここに向かうしかないと私は考えています。いろいろ書いている本とか講義という形で、みなさんに「どう思いますか、いかがでしょう、この線でいきません？」という問いかけ・呼びかけをしているというわけです。

日本は今、「東日本大震災」で多くの人たちが苦しんでおられますが、国を挙げてこういう方向に大転換すれば、「日本の再生」は必ず成し遂げることができると信じています。

第七講

経済と福祉の絶妙なバランス

福祉国家から緑の福祉国家へのプロセスについてお話ししていきましょう。

非常に大まかな言い方をすれば、スウェーデンの福祉国家は第二次大戦中、ハンソンの時代に構想され、終戦直後、ハンソンの突然の死で後継者になったエランデルの長期政権によって実現されたと言っていいでしょう。

一九四六年から六九年まで、途中ちょっとだけ政権交代がありますが、ほぼずっと長期政権でしかもずっと党首・首相であったエランデルが、一九六九年に引退します。それについて、「長期単独政権ということは、エランデルは独裁者だったのか、やはり社会主義はそうなるんだ」といった誤解をする人がいますが、それは違います。選挙によってちゃんと手続きを踏んでいますし、途中で政権交代はありますし、そして戻る時にも降りる時にも流血騒ぎは一切ありません。つまり、議会制民主主義の原則に基づいて、国民に信頼され続けたから長期政権を保ったということです。

「社会主義」というと私たちは、ソ連型社会主義と同じものだと思ってしまいがちですが、そこがまったく違うということを頭に入れておく必要があります。あとで見るように、綱領の中でもはっきりそれは謳《うた》われています。

そして、そこでパルメが四二歳で党首・首相を引き継ぎます。ところがエランデルは、首相として引退したあと、楽隠居をしたかというとそうではなく、その頃（一九六〇年代）、自然科学者・環境の専門家から「環境の問題が非常に深刻だ」という警告がなされていたのに対し、しっかり理解―対応して、一九七二年に国連に呼びかけ、準備委員長として働いて、「第一回国連人間環境会議」をストックホルムで開催しています。

この、危険をちゃんと予見して警告する科学者がいること、その警告をちゃんと理解して対応する政治家がいることが「スカンジナビアに生まれるという幸運」なんでしょうね。

日本でもすでに水俣病などの公害の問題が深刻で一九五〇年代後半には科学者の指摘―警告も始まっていますが、政治家の反応は一貫してとても鈍かった（今でも鈍い）。前にも言ったように、一九七二年というのは、日本ではちょうど田中首相が「日本列島改造論」をぶち上げていた年です。こういう意識の差はずっと差がついたままで、それにしても本当にすごい差だなとため息が出る思いです。

国連人間環境会議には、日本も代表を送ってはいるんですよ。その後の環境に関する国際会議への対応を見ていると、この時以来ずっと国際社会への体面として建前的に参加したということでしょうけどね。

ちなみに、この会議の時、若き大井玄先生（元国立環境研究所所長）も行っておられたそうです。以後ずっと日本や世界の環境の政策・対策を見てこられて、すっかり絶望的になっておられたんです。それで、先生が私の『坐禅と唯識』の講座に来てくださったご縁でお話をうかがうことになり、私が「先生、先生のような方に絶望してもらっては困ります。ぜひ、協力してくださ い」とお願いして協力していただくことができたのも、小澤先生との出会いとも併せて「持続可能な国づくりの会」を設立するに至った大きなきっかけです。

さて、それから、一九七六年にも一回、非社会主義陣営が勝って、四四年間続いた社民党政権がいったん終わります。しかし、数年前の政権交代でもそうですが、政権交代したからといって「福祉国家―緑の福祉国家」という国家目標が変更されるわけではありません。

そして、戦前からずっとですが、特に一九八二年のパルメを首班とした政府では、失業と財政赤字という、非常に厳しい時代に、経済立て直しをするのを、新自由主義でも古典的なケインズ主義でもないやり方で成功しています。この時、「第三の道」という言い方がされたんだそうです。まずもちろんソ連型社会主義ではない。さらに新自由主義的でもなければ、政府が大きな公共投資をすることによって景気を回復するというケインズ主義でもないやり方で、経済を立て直していきました。

この八二年の段階にもうすでに、政府はこれからは産業の重心を技術集約的な最先端技術産業に移していくべきだと認識していました。電子工学製品、通信機器、化学製品、薬品、輸送・運輸の機器、バイオ技術といったまさに技術集約型の知識産業へという方向転換を、もうこの時代にはっきりとやっています。

しかも、そのためには非常に高度な技能を持った労働者が必要で、そのためには非常に高度な教育が必要です。そこで、大きな教育費を惜しまず投入して、高度な知識を持った人材を育成しています。教育に投資することで人材が育つと、やがて知識産業が伸びるという結果になる。それによって経済界もちゃんと潤《うるお》う。そこから税収が上がることによって財政が健全になり福祉がちゃんとできる。こういう、中長期にうまく巡っていくシステムについてまず経済学者たちが経済学的に押さえているんです。この実際に有効性のある経済政策を立てられる経済学者がいるというのが、うらやましいですね。

そして、経済学者や科学者たちの忠告を政府がちゃんと受け止めながら施策を打っていくという形で、経済・財政と福祉と環境をバランスさせながらやっていくという方針を、すでにこの時代にはっきり意識的・計画的に取り始めています。

一九九一年にも政権交代があり、この時の政権の中心は中央党で、その中央党が環境政策をつくっています。

ですから、もう右左関係なく、環境をちゃんとやっていかないとあとがないんだということについては、党派を越えて完全に認識と合意ができているようです。

それから一九九〇年代、バブル崩壊は、世界、日本もありましたが、この時、スウェーデンもマイナス成長で、高失業率、財政も経常収支の赤字という状態になったんですが、歳出削減と増税を行なっています。

スウェーデンの場合は、なんのために税金を増やすのか国民にちゃんと説明し了解を得ていますから、「こういう理由で増税したいと思います」と言うと、国民たちは納得して負担をする。負担した結果出てきた財源が、教育への投資、ＩＴインフラの整備、環境政策、強い福祉、何よりも知識集約型産業の育成に向けられ、その結果、景気回復─財政再建ということになって、もうみごとに数年で再建を果たしています。日本は、「失われた一〇年」で低迷したんですが、スウェーデンは二、三年で回復したそうです。

「空気で動く日本人」には可能性が!

今回のリーマン・ショック以降の不況についても同じようですね。金融危機に対してスウェーデン政府はいち早く「多額の財政出動をする」という声明を発表しています。

それに対して日本は、いろいろもめて、役に立つのか立たないのか、というより立たないのか立たないのか、という施策を打つ、それもなかなか決まらない。

スウェーデンは、パッと決めてしまえたんですね。しかも、今回パッと決めたのは、社民党政府ではないんです。だから、社民党政府でなくても、やはりこの手しかないということについて、右も左も基本線は合意ができている。だから、スウェーデンなど北欧諸国では、思想評論家たちが「イデオロギーの終焉《しゅうえん》」という言葉を語るんです。もう共通の価値については右も左もなくなったという状況のようです。

前にも言いましたが、そういう話を聞いてきて、日本でも「イデオロギーの終焉」と言う人がいるようですが、日本ではイデオロギーは終焉していません。自公政府が採用していたイデオロギーは明らかに新自由主義という経済思想です。それに対して、資本主義でももう一つケインズ主義がありますし、それからスウェーデン型の混合経済がありうるわけで、どれが学問としてかつ実際の経済政策として妥当性があるかという論争は、日本では終わっていないはずなんです。終わっていないはずなんですが、ちゃんとした論争があまりなされているとは思えません。

でも、最近ようやく経済と福祉に関してはスウェーデン型の選択肢が実はもっとも有効らしいということが、思想ジャーナリズムの世界で取り上げられるようになってきましたので、これから、相変わらずの新自由主義的な経済理論を唱える人と、スウェーデン型混合経済を唱える人の間で、適切な論争がなされるといいと思いますが、なかなか日本はオープンな論争がなされにくい国なので、ちょっと難しいかもしれません。日本のマスコミ関係者がもし賢くあってくれたら、これからイメージ付けでそちらの方向に方向転換ができるかもしれない、という期待は持っています。

しかしまあ、いずれにせよそういうことをやろうという主体が、日本の場合、スウェーデンと違って強力な労働組合もありませんし……労働組合はありますが、現状では、本格的な、財界に対しての強力な圧力団体になりうるような労働組合はありません。それから日本の左の政党は、いまだにソ連型社会主義の尻尾を引きずっているのか、相変わらず資本家と労働者の対立路線でしか発言ができません。財界に対して、「中長期見たら、双方にとってより良い道がありますよ」という議論をしつつ提案をすることのできる政党がありませんので、残念ながら「福祉国家—緑の福祉国家」をつくる主体がありませんから、まずこれから主体をつくらなければならないと思っていますが、そういう主体が形成され、それからマスコミがちゃんとイメージづくりをしてくれたら、国民がわりに短期でいい方向に方向転換をする可能性は、ないことはないと思います。

日本は、明治維新の時を見ても、敗戦の時を見ても、方向転換・変わり身は早い国民です。もう変わるとなったらパッと昨日までの軍国主義を語っていた先生が今日から民主主義の授業をするという、そういう恐ろしく変わり身の早い国です。「変わり身が早い」というと聞こえがよくありませんが、それはプラスマイナス両方の面があるので、マイナス面ばかり見ないほうがいいと思います。日本人はある意味で驚くほど方向転換能力・自己変革能力があるということもできます。ですから、変わる時には変われると思います。

スウェーデンは、条件を整えて長い時間をかけてこういうところに到達できたんですが、日本は、山本七平さんの言う「空気」で方向性が決まってしまえば、そこにみんながわっと乗っかってくるという形で、あっと言う間に短期間で変わる可能性はあると思います。

多くの方が、スウェーデンの話をすると「スウェーデンはすばらしい。でも日本には、そのような条件がないから無理だ」とおっしゃるんですが、日本には「空気で動く」という別の条件がありますので、今回の「東日本大震災」をきっかけとして、根底から変わる可能性は十分ある、と私は思っているわけです。

さて、そういうふうな福祉国家を立ち上げた上で、そもそも環境が崩壊してしまっては経済も実は成り立たなくなる、環境・経済が成り立たないところでは福祉もありえない――それぞれすべてつながり合っていますからね――という本当に当たり前のことなんですが、その当たり前のことを当たり前としてちゃんと認識して、福祉国家の次に「緑の福祉国家」という構想が、一九九六年、国の施策として提出されています。この時はペーション内閣ですが、「福祉国家からさらに緑の福祉国家＝エコロジカルに持続可能な国家へ」ということが、はっきりと国の施策として提出されます。

詳しくは小澤先生の『スウェーデンに学ぶ「持続可能な社会」』（朝日新聞社）に譲りますが、それにしてもため息が出るほどうらやましい話ですね。

これは二五年計画だそうです。ですから、実現予定は二〇二一年くらいで、二〇一〇年に政府が公式に進行状況を確認したところでは基本的には着々と進んでいるそうですから、その頃には国家単位では持続可能な社会が出来上がっているだろうと思われます。

スウェーデン社民党の特徴

これまでお話してきたように、スウェーデンの福祉国家からさらに緑の福祉国家へという方向性をリードしてきたのは社会民主労働党ですが、その特徴についてもう一度まとめておきましょう。

まず、非常に柔軟で実際的で穏健な路線選択です。これによって非常に国民的な支持を得ることができた。穏健で実際的で柔軟で、しかし方向ははっきりしているんです。

次に、経済と福祉、資本家と労働者の調和あるいは妥協点を見いだす英知ですね。最初から対立路線で捉《とら》えない。しかし、あとで党綱領を見るとはっきりしますが、資本家イコール資本主義ではありませんから、資本家とは妥協しても資本主義にはノーを言います。しかし、経済のシステムとしての市場経済は受け容《い》れる。そして、市場経済を受け容れるという点で、ちゃんと話し合えば資本家と労働者は妥協点を見いだせる。妥協点を見いだして、資本家と労働者が協力し合って経済を繁栄させることによって財政が豊かになり、そこから福祉のための資金が出てくる。そういう構造をちゃんと踏まえているんです。

それから、指導者というか権力者の倫理性・自己批判能力、これがすばらしい。まず、ブランティング時代から、もうすでに国会議員の給料をきわめて少なくするような方向に進めています。し、現在の国会議員の給与は大会社の部長さんよりも安いくらいだと言われています。ですから、お金を儲けたい人は企業に入ったほうがいいし、汚職なんかできない構造になっていますから、政治家になってお金を儲けよう、利権を得ようという話は成り立たないような制度を自《みず》らつくってきています。

それから、最近日本でも使われるようになった「オンブズマン」という言葉は元々スウェーデン語で、王さまが領地を離れている時、貴族たちが領民を搾取《さくしゅ》したりひどいことをしないように、王さまが民を護《まも》るための役人つまり「護民官＝オンブズマン」を派遣《はけん》したことからきています。国が民主主義化された時、その制度を元に、政権担当者自体が、自分たちが権力的におかしなことをやらないかちゃんと監視してくれるように「お金は出します。一切口は出しません」という形の第三者機関をつくっていったんです。これはすごいことですね。実際、口を出したり人事その他に介入して都合のいいようにするといったことは、一切しない。それどころか、そういうオンブズマンからクレームがつくと、スウェーデンの政治家はちゃんと反省するようです。これもすばらしいですね。

とは言ってても人間のやることとですから、例えば役得で公営のアパートにちょっとごまかして優先的に入る国会議員がいたとか（笑）、その程度の汚職はやはりあって、ゼロではないけれども、世界でも政府の透明度が三位くらい。情報公開も世界に先駆けてやっていますし、オンブズマン制度も、元々自国の制度だったものをさらに民主主義化してどんどん進めています。

特に驚くべきことは、社会民主労働党が学者たちに依頼をして、権力が国内に妥当に分散しているか、どこかに権力が集中していないか、という研究をさせています。学者たちに「ちょっと権力がこの辺に偏《かたよ》っている」と言われたら、「なるほど、では、その権力をもうちょっとこういうふうに分散させよう」としています。だから、権力が一ヵ所まして一人に集中することを一切させないということを、それこそブランティングやハンソンやエランデルやパルメ自身がずっとやってきて、それが党の伝統としてずっと残っているというのが、感動的にすばらしいと思います。

『十七条憲法』＝「緑の福祉国家」

すでにお話ししましたが、再度国民性の話をしてから党綱領に入りたいと思います。

スウェーデン、広くいうと北欧が福祉国家を確立し、緑の福祉国家についても右に習えで一緒に頑張っているようですが、それができたのはやはり、北欧の元々持っていた民族性、全体として厳しい風土の中で、自分の生活は自分で責任を持っていかなきゃいけない、自立が要求されるということと、しかしいざとなったら助け合わないと生き延びていけない。ヴァイキング時代からその厳しい風土が、自立しつつ連帯するという国民性を育んだというベースがあったと思いますが、それにキリスト教、特にプロテスタント・キリスト教が国教化されることによって、国民教育がしっかりとなされたということです。

これは、私の読んだ文献の中では一冊のみ、イリス・ヘルリッツ『スエーデン人　我々は、いかに、また、なぜ』（新評論、二〇〇五年）で「ルター派の信仰は、やはり我々スウェーデン人の基礎になっています」という意味のことを短く述べているだけで、ちゃんとそこを論じているものには今のところまだ出会っていませんが、私は明らかにそうだと思います。

プロテスタントはどこに行っても必ずそうなんですが、信者が自分で聖書を読むことを強く要求します。聖書のことは聖職者だけが知っていればいいということではないんです。「自分で聖書を読みなさい」と強く言われます。それから、聖書の講義を毎週日曜日、必ず聴くわけです。日本の宗教家・お坊さんと決定的に違うのは、プロテスタントの牧師でお説教ができない人は一人もいません。しかし残念ながら日本の場合、お経は読めてもお説法はできないお坊さんが大多数になっているようですから、やはり国民の教育能力が違います。江戸時代のお坊さんは違っていたんでしょうが。

牧師さんから必ず聖書のいろいろな話を聞かされるわけですが、もっとも代表的なのは前にご紹介した「コリント人への第一の手紙」第一二章でしょう。重要なので、一部だけもう一度挙げておきます。「実際、からだは一つの肢体だけでなく、多くのものからできている。……そこで神は御旨《みむね》のままに、肢体をそれぞれ、からだに備えられたのである。……それは、からだの中に分裂がなく、それぞれの肢体が互いにいたわり合うためなのである。もし一つの肢体が悩めば、ほかの肢体もみな共に悩み、一つの肢体が尊ばれると、ほかの肢体もみな共に喜ぶ。あなたがたはキリストの体であり、ひとりびとりはその肢体である。」

スウェーデン国の国教はキリスト教で、「キリストの体」とは教会のことであり、建前上スウェーデン全体が一つの教会です。ですからスウェーデンの教会は「国教会」というんです。国教会の牧師さんは、少し前までは国家公務員でした。ということは、国民一人ひとりはキリストの体の一部であり、その体の各部分はいたわり合うためにある、と。こういうことを、神の権威に基づいて牧師から語られるんですから、これは王さまも貴族も資本家もいちおう建前は認めざるをえない。

こういうキリスト教的な国民性が世俗化されて社会民主主義になって人間尊重という話になっていくと、もうこれは福祉国家ができなきゃウソというくらいですね。キリスト教の建前をとことん実行したら、それはもう福祉国家にならざるをえない。スウェーデンの国民は、あるいは北欧の国々の人たちは、これをかなり建前どおり本気でやった、と。

同じプロテスタント国家でありながら、アメリカはこの建前をちゃんとやったとは言えません。ですから、建前は同じでも実行するかどうかはまた違うんですが、スウェーデン・北欧は建前を貫いたということですね。

ハンソンは、このキリスト教的な「あなたがたはキリストの体であり、ひとりびとりはその肢体である」という思想を世俗化して、「国家というのは国民の家でなければならない」と言い直したんだと理解していいだろうと思います。つまり、「国民が全部一家です」というのは、「国民ひとりひとりがすべて教会共同体の一員です」という考え方の世俗化です。

ヘフティングというデンマークの思想家が、「結局、北欧ヒューマニズムを支えているのは、キリスト教以前からある、我々の民族性としての暖かい心なんだ。これはもう我々の北欧の民族性なんだ」というふうな言い方をしています。しかし私は、確かに民族性ではあるけれども、それを徹底的に絶対的なものとして強化したのがキリスト教だと捉えています。つまり神さまの権威付きで「そうでなければならない」ということになって、それでしっかり国民性が形成されたところに、近代の合理科学主義が入ってきて、神話的なキリスト教はやがて国教でなくなっていきますが、その暖かい心・人間尊重の精神は残っていった、と。

日本の場合は、まさにこのプロテスタント・キリスト教に代わるものとして、神仏儒習合《しんぶつじゅしゅうごう》があったわけで、ご縁を大切にして助け合う心があり、これまた建前をちゃんとやったら、やはり福祉国家にならざるをえない。だから、聖徳太子『十七条憲法』の精神を貫いて現実化したら、これはもう完全に「緑の福祉国家」にならざるをえないと思います。ただ、それを建前として貫くだけの国民、それからリーダーの資質がまだ欠けている。まだ欠けているんですが、これから補えばいいということです。

以下、語られていることが、和の国・日本という理想と非常に重なるというポイントをやや詳しく見ていきたいと思います。

『スウェーデン社会民主労働党綱領』

スウェーデンの『社民党綱領』は、時々改定されるそうですが、現行の物は二〇〇一年版です。幸いにして日本語訳されていて、スウェーデン社会民主党が何を考えているかがちゃんとわかるようになっています（しかし残念なことは、あまり一般に知られていない「社団法人生活経済政策研究所」から出ていて、うまく探して見つけた人しか読めないことです）。

私は、どういうふうにして出会ったか記憶があいまいですが、みごとに福祉国家を形成し、さらに緑の福祉国家を目指している政治的主体としてのスウェーデンの社会民主労働党に非常に関心を持ったので、あれこれネット検索しているうちにぶつかったんだったかなと思います。

みんなが連帯し自由で平等な社会

まず最初の民主的社会主義の目標を述べている部分が、スウェーデンが何を成し遂げているかを知った上で読むと、感動的です。

「社会民主主義は民主主義が徹底され、すべての人が等しく扱われる社会を理想としている。みなが連帯し、自由で平等な社会こそ民主的社会主義の目標である。」（一二頁）。

これをただのきれい事や建前にとどめず、かなりのところまで実現しているというところが感動的ですね。

「みなが連帯し平等な社会」というのは和の国・日本の理想とまったく同じですね。古代ですから、「自由」というコンセプトは前面に出ていませんが、「みなが連帯し平等な社会」というのが、聖徳太子が目指された和の国・日本であることはまちがいありませんし、究極は自《おの》ずから治まる自治を考えておられたのですから、そこには「自由」も含まれていますし、これを近代に当てはめる場合は自由が強調されて当然ですから、「自由・平等・連帯」というのは、私たち現代の日本人がこれからまさに追及し実現すべき理想・理念だと言ってまちがいないと思います。

だいぶ先のほうに飛ぶと、「福祉政策」という項目があります。そこに「社会民主主義的な福祉政策は、自由・平等・連帯という三つの原理を体現したものである。社会民主主義的な福祉政策は、共同の社会形成を重視する伝統を背景としており、個人的効用と社会的効用の双方を作り出す。」（三五頁）とあります。

さっと読んでしまうと、硬い文章でわかりにくいんですが、とにかくスウェーデンの福祉政策は「自由・平等・連帯」という三つの理念が現実化されたものだということがここに語られているわけです。しかもそれは共同の社会形成を重視するというスウェーデンの民族的伝統を背景として成り立ったものなのだ、と。

しかも単にそれは、個人が福祉社会の中で安心安全に暮らせるという個人的効用だけではなくて、そうすることによって、実は社会そのものが豊かになるという社会的効用も生み出すんだ。つまり、手厚い福祉を行なうことは、経済、財政をダメにするのではなくて、経済、財政をも豊かにする。そういう関係になっているということが、はっきりとここで語られています。そのメカニズムについて、よそでも述べられていますが、まずこの最初にはっきりあることを押さえておきたいと思います。

続いて、自由・平等・連帯という理念に基づいて、今日の世界がどうなっているか社会・世界分析をしています。党として正確な社会・世界分析を行なって、その中でどういう具体的な政策を打っていくか、そして目指す目標・理念は何かが語られていますが、全体としてきわめて良くできた綱領だと、読んでいてびっくりしながら感動しました。

原子力発電の廃止も決めている

特に中ほどに、環境のことがはっきり書かれています。

「地球の資源を大事に活用することは、人類の将来を開くための条件である。そして、環境問題は国内政策においても国際政策においてもますます重要になっている。しかし、地球の環境システムは、生産テクノロジーが資源を求めることからくる大きなプレッシャーにさらされているし、また産業化の中で形成された消費パターンが資源を求めることも、同様に大きなプレッシャーとなっている。環境融和的なテクノロジーも存在しているが、その普及はあまりに遅い。環境的な持続可能性を高めるための調整が求められているにもかかわらず、経済、社会構造のあり方からそれが難しくなっている。」（一四頁）

まさに環境問題は、世界全体の根本問題だという認識が、ここにはっきりあります。そしてそれをもたらしている原因が、生産と消費にあり、そして環境融和的なテクノロジー（例えば再生可能な代替エネルギー）はあっても、経済社会の構造がそれに適切なものになっていないために、問題は解決していない（あまりにも危険な原発を廃止できない）、ということを非常に明快に捉えています。

そしてしかも、こういうことを人の責任にしないんですね。

「今日の環境問題の背後にあるのは、短期的な利潤動機だけではない。消費者自身の自由な選択によって変えうるはずの、資源浪費型の生活パターンもまた背後にある。」（一四頁）

つまり、社会が悪いとか政治が悪いだけではなくて、ちゃんと消費者自身の責任もあるということを押さえています。

しかし同時に、「消費者が頑張ればなんとかなります」ということじゃなくて、産業社会構造、しかもそれも国際的世界全体の経済社会構造の問題なんだ、ということがちゃんと押さえられています。

そして、まず自国の経済社会構造を膨大なエネルギー浪費型から適正なエネルギー消費型に変えていくことによって、すべてを再生可能なエネルギーで賄《まかな》えるようにしてやがて原発を廃止していこうというしっかりとした計画を立て、実行しつつあります（すでに一基止めています）。

資本主義と環境の矛盾

「資本の権力」という項目で、これはやはりさすが社会主義だと感じさせられるんですが、資本というものの持っている本質をちゃんと押さえています。

「生産の資本主義的秩序は私的所有の上に立脚している。従って、他のすべての利益に対して、利潤増大が優先される。利潤を上げるためにどのような方法が用いられるか、またその際に社

だけやっていますから、民主主義社会ですよ」ということでは終わらないんですね。

スウェーデンでは制度が十分できていても、たえず本当に社会が民主主義的になっているかどうか、主権政党自身が研究者たちに依頼しながら精査していくんですね。

「民主主義は権力の分散に基づいている。権力が集中すると、権力集団を誰が形づくっているかにかかわらず、民主主義はいつも脅《おびや》かされる。」（二八頁）

権力はできるだけ分散すべきであるという考え方。分散したら統一行動ができないんじゃないかと思うのは大まちがいで、ちゃんと理性的に話し合いをすれば、どこかで妥協点が見つかる。その妥協点を企業家と労働者と主権政党が見出してきたというのが、戦前からの、長いスウェーデンの伝統なんですね。

経済の民主主義的コントロール

それから、経済のやり方について「民主主義的経済」ということが述べられています。まず「資本主義」について次のように述べられています。

「すなわちそれは資本の所有者が、すべての事柄についても決定力を持ち、人々の権利は経済的な意味での収益によって決定される。そのような権力システムを意味するのである。……そのような権力システムのもとでは、巨大資本の所有者以外のすべての人々にとっては、自由が失われることになる。この権力システムは一国の内部で、そして国と国との間で大きな不公正と社会的緊張を作り出す。この権力システムは環境と自然資源の搾取につながるという点で危険な存在

である。」（三〇頁）

つまり、資本主義は、人々にとっても環境・自然にとっても非常に危険な存在だということを押さえ、それに対して「社会による経済のコントロール」を対置します。

「この権力独占に対して、社会民主党は民衆の利益によってコントロールされた経済を対置する。……ここでは所有と企業の形態は多様である。また環境への配慮を生産のあらゆる側面に関して、最優先の要請と見なす。しかし、この秩序は民間企業に敵対するものではない。近代的生産のすべてのあり方同様に、生産的資本は利潤を生まなければならないという考え方に基づく。この秩序は、企業とその経営を、経済にとって価値ある多くの主体の一部であると見なす。市場経済は経済生活の一部であると考える。しかし私的利潤への要求が他の利益のすべてに優先し、社会の発展を方向づけるべきであるとする要求を認めないし、また市場は社会的効用の源であり、社会生活の規範であるという考え方を受け入れるものではない。」（三〇―三一頁）

ですから、市場経済を一部としては認めていますが、しかしそれはあくまでも一部だと位置づけているわけです。

「民主的社会こそが常に経済生活の条件と枠組みを提供する権利を持っている。」（三一頁）

つまり、資本主義、および資本主義に基づいて巨大資本を所有している人ではなくて、民主的社会こそが経済生活の条件と枠組みを提供していく権利を持っているのだ、と。

こうして言われてみると当たり前のことが書いてあるんですが、日本では自由という観念が短絡化して理解され、「生産手段の私有化が自由だ」と考えられています。その結果、巨大な生産手段、資本を所有した人が、ほかの市民の生きる自由を実際には剥奪《はくだつ》することになっていても、「生産手段所有の自由という意味で自由なんだ」というすり替えがなされてしまうんですが、ここでは「すべての人の生きる自由が巨大資本の所有者の自由に優先する」という民主主義社会として当たり前のことがはっきり語られています。そして、これは日本の現状でも当然、別に社会民主主義になっていなくても、そう言えるはずです。そこのところは明解に押さえられています。

しかし、硬直した社会主義とまったく違うことがはっきり語られています。

「市場は、福祉の資源をつくり出し続ける効率的な生産のために不可欠な存在である。資本主義と市場経済とは区別して考えられなければならない。」（三一頁）

福祉をちゃんとやるためにはお金がいる。そのお金を調達するためには、市場というのは非常に有効な手段の一つである。それは決して否定すべきものではないが、資本主義は否定する、ということですね。

「つまり、市場とは社会民主党が求める混合経済システムの一部に過ぎないのである。」（三二頁）

私も、一九六〇年代末から七〇年代の頃に「混合経済」という言葉を聞いた覚えがあるんです。その頃、「混合経済」というのはほかの人がつけた名前で、スウェーデン社民党自身が言っている言葉とは思っていなかったんですが、これは当時の私たち学生にとって非常に中途半端な……当時の言葉で言うと、日和見主義というかご都合主義というか、「こんなんでうまくいくわけないよ」といった感じに思えて、そういうケチをつけるためにつけられた名称かと思ったらそうじゃなくて、スウェーデン社民党自身が、「社会民主党が求めるのは混合経済システムである」と言っていたわけです。

「混合経済システム」とは、要するに社会の経済部門に関しては市場原理でやり、他の部分は協力原理でやっていく、そのことを「混合経済」と呼んでいたんですね。これは非常に妥当な、こうやったからこそ豊かな福祉国家ができたという社会経済システムです。

「社会民主主義は左右の経済的原理主義を拒否する。経済的原理主義においては、良い社会の前提として経済における、ある単一の所有形態のみを打ち出すのである。」(三二頁)

これは左というのはソ連型社会主義の計画統制経済。右は新自由主義。新自由主義を修正してケインズ主義。ケインズ主義でうまくいかないから、新自由主義に戻りましょうという話になっていくんですが、とにかく左右の経済的原理主義を拒否する、と。

次のところはスウェーデンの理性的プラグマティック(実際的)な精神がみごとに表れています。「決定的な事柄は外的な形態ではなく、目標とされたものがいかによく達成されたかということなのである。」(三二頁)

つまり、外的な形態として、計画統制経済か自由主義経済か、そういうことが問題なんじゃなくて、市民全体として一人の例外もなく福祉に浴することができるという、その目標がどのくらい達成されたか、それが問題なんだという。その目標達成には、混合経済システムが一番うまくいきそうだという目論見でやってきて、実際にうまくやってきたという、本当に自信に満ちた言葉です。「批判があるんだったら、スウェーデンの現状を見てくれ。ソ連さん、あなたのところよりうまくやっているよ。アメリカさん、あなたのところよりもはるかにうまくやっているよ。嘘だと思ったら調べてみてください」という自信に満ちあふれていますね。

知識社会における経済力と福祉の一致

そういうふうに経済原理主義を否定しますので、日本が新自由主義・市場経済の原理主義にやってきたことと違って、こういうことを言っています。

「社会保険とケア、学校、医療のような社会サービスは、決して市場における財に還元できない。……市場と競争の原理が公的サービスに浸透してはならない。そこでは民主主義の原理、公開性、責任の明示が前面に打ち出されなければならない。」（三五頁）

自公政権の日本がやっていたこととまるで違うということですね。

そして、知識社会ということも早い時期からはっきり捉えていて、それと経済がバランスすることが述べられています。

「国際的な環境のもとで高い競争力を備えた強力な経済と生産システムは、雇用が増大し、実質賃金が上昇し、社会福祉の発展し続ける上で、その基礎となる。」（三八頁）

ですから福祉のために、国際競争力を犠牲にしてもいいなんていうことは、まったく考えていないということです。それどころか、国際競争力はぜひ必要だ、と。しかし、福祉は成長の条件を強化する。この発想がすばらしい。経済も含めての成長、経済だけじゃないんです。

「多くの人々はより良い教育を受ける。自らの能力を発展させることができるのであれば、経済

は強化される。」（三八頁）

それはそうですね。高い技術・知識が高い生産性を生み出すというふうに、産業構造が完全に変わってきていますから、その中では福祉をやり、高い教育を受けることが、質の高い労働者を生み出す。そうすると経済が強化されることになるんです。したがって、

「経済力と福祉との関係が理解されなければならない。」（三八頁）

つまり、経済力と福祉はペイオフ・相互矛盾の関係にはないということです。ちゃんとやれば、相互促進の関係にすることができるということです。そして、

「政策はこの両者の関係を踏まえて形成されなければならない。ここではいかなる成長を求めるかということが問題になる。成長の目的は人間の福祉を増大させることである。」（三八頁）

経済成長しました。大企業は儲かりました。雇用調整でみんなはひどい目に遭っています。それでは成長とは言えない。経済成長のために膨大なエネルギーが必要で原発をたくさんつくったら、「東日本大震災―原発震災」のような悲惨なことになりました、というのではそもそも成長の意味がありません。

「この目的は人間の健康や生活の質を害する、あるいは環境を破壊し、自然資源を浪費するような手段を持って達成できるはずがない。このような成長は実際には成長と呼ぶことはできない。」（三八―三九頁）

ここは企業人を説得できるところです。

「なぜならば、こうした成長が伴う人間的、環境的、あるいは社会的コストが、こうした成長が

もたらす短期的な利得を超えてしまうからである。」（三九頁）

短期的には儲かったように見えるかもしれませんが、結局、人間的、環境的、社会的コストによって、中長期的には全体がダメになるんです。それは原発事故の収束や被害への補償のコストの膨大さを考えるとあまりにも明らかです。だから、短期的な利得を得ようとしないで、企業も労働者も、一緒になってやっていきながら、人間的、環境的、社会的なコストをかけない成長を一緒にやろうと。

そういう説得は、日本の頭の固い経済人にはなかなか難しいとは思いますが、経済学者がちゃんと経済学理論と事実に基づいて企業人を説得していく。そしてその説得のプロセスに、労働組合がもう一回、ちゃんと統一性のある、社会的な圧力団体でありうるような強力な労働組合を組み直して協力すれば、経済界も動かせるという見込みが十分あります。

日本のここのところ急激に厳しくなった雇用環境は、これまで日本の労働者たちがちょっと甘く考えていたように、新自由主義市場経済に乗っかっていけば、組合などに頼らなくても、自分の権利もそこそこ大丈夫だと思っていたのが、そんなことはない、正社員だっていつひどい目に遭うかわからないということが見えてきたので、もう一回、労働運動を組み直すチャンスに、うまく転換すればなると思います。そこで犠牲になる方にはお気の毒ですが、相当な犠牲者が出ることによって、やはり労働運動をやり直さなくちゃと、それから社会民主主義でちゃんとやらなくちゃと、良識的な市民が、それから既成の政治家も、そっちに方向転換をすることができれば、なんとかなるんじゃないでしょうか。

「すべて発展成長は人間の努力から生まれる。人間の創造から生み出された技術発展から、人々が生産と消費のために作り出した社会システムから、このシステムが生み出した資本から、そして何にも増して人間の労働からである。人間の労働は資本と技術とを結びつけ、価値生産的な雇用をつくり出すものである。人間の労働こそすべての福祉と文化の基盤である。」（三九頁）

というわけなので、

「完全雇用は経済的目標であるばかりか、社会的目標である。……社会民主党は財界に対して完全雇用を要求していく。」（三九頁）

しかしそのことによって、一緒に成長していく。それは、経済力と福祉とは矛盾しない、どころかむしろ調和する。本格的にやればやるほど豊かになっていけるんだ、と。

はっきり知識社会ということが語られています。

「知識と文化は社会の発展や経済成長及び、福祉に資するものであると同時に、人々の個人的な自由や成長のためのものである。」（四二頁）

とにかく、知識社会になれるかどうかが社会の豊かさを決める。

「社会民主党が直面している課題は、今、真の知識社会を作り出すことであり、それは誰でも同じ条件で利用可能な訓練と教育に基づいた社会である。」（四三頁）

そのための生涯教育などのさまざまな施策がちゃんと述べられています。

連帯はすべての国を包括する

そして、最後の結びもなかなか感動的ですね。本来ヒューマニズムですから、感動的でないとウソなんですが。

「民主的社会主義の目指す連帯はすべての国を包括するものである。その目標はすべての民衆の自由、世界全体の平和である。」（五一頁）

一国中心主義じゃないんです。もちろん、まずスウェーデンで豊かで平和な国をつくることをやってきたわけですが、それと並行して、世界全体との連帯が社会民主党の目標なんです。

「今日の世界はしだいにボーダーレスになっている。ここでは一国内部の活動と、国家間の活動が分かち難く結びついている。国際問題と国内問題は融合している。国内政策と外交政策の境界は消えつつある。スウェーデンは当然ながら国際社会の一部である。スウェーデンは世界の中にあり、世界はスウェーデンの中にある。」（四六頁）

こういう認識が一つの政党の中で共有されているのは、本当に感動的です。

もう一度、自由・平等・連帯

最後に、「私たちの価値」という項目、つまり社会民主労働党が共有する価値観は自由・平等・連帯であるという部分の最初のところだけ読んでおきます。

「自由は外的強制や抑圧、飢えや孤立、恐怖からの自由である。と同時に自由は参加し、共同で決定を行ない、個人として発達し、安全なコミュニティに加わり、自らの人生を自己決定し、自

らの未来を選び取る自由でもある。」（一九頁）

これは日本人が「自由」という時にすぐ誤解するのと違って、「参加し、共同で決定を行ない、今日も、安全なコミュニティに加わり」ということが「自由」の中身としてちゃんとあって、単なる個人の問題というふうに捉えられていない。

「平等は万人がその価値、尊厳、権利において等しいという考え方の表明である。」（一九頁）

これが、ヒューマニズムのヒューマニズムたるところですね。そして、これがもう本当にスウェーデンということですが、

「連帯。人間は社会的存在である。かかる存在として私たちは互いに依存し合っている。人間が個人として知的にまた情緒的に発達していくのは、他者との協力の中においてである。人々が、個人の生活条件となる社会を構築していくのも、他者との協力の中においてである。こうした相互的な依存関係ゆえに、相互に配慮し尊重し合うことが不可欠となる。これこそ連帯の本質である。」（二〇頁）

「自由・平等・連帯は、三位一体《さんみいったい》となって民主主義社会の基礎を形成する。同時に民主的社会のみが、自由・平等・連帯を現実のものとすることができる。」（二〇頁）

こういうふうに語られている自由・平等・連帯、特に平等と連帯というところが、聖徳太子「十七条憲法」の理念とぴったり重なるところです。

和の国・日本で「何事か成らざらん」

ただ、気がついておられるかどうかわかりませんが、無神論的ヒューマニズムは、万人が等しく尊いと主張しますが、実はその絶対的な根拠を示しえないのです。みんなが等しく尊いはずなんですが、「なぜそうなのか?」と問われると、「それはそうだからそうなんだ」という答えしかない。

しかし、自然状態における人間は、能力とか状況とかについて完全に不平等ですよね。なのに、みんなが平等に尊重されねばならないのはなぜなのか。これはキリスト教だったら、「すべての人一人ひとりが神の愛する子である。あなたがたは神から愛されているのだから、あなたがたも愛し合いなさい」と、命令が聖書に書かれている。これだと、神話的な、しかし絶対的な根拠があります。

ヒューマニズムはそれをベースにして成り立ったんです。西欧型のヒューマニズムは明らかにキリスト教が生み出したものです。しかし、肝心の根拠である神つまり絶対者を、「不平等社会を合理化するイデオロギーだ」という批判と、「それは科学的ではない」という批判、この二つの理由で否定してしまった。その結果、絶対の根拠が見えなくなった。

絶対の根拠が見えなくなると、スウェーデンにも大きな影響を与えたデンマークの福祉思想の形成者ヘフティングが言っているような「なぜ福祉がなされなきゃいけないかというと、それは、人間の本性がお互いを助け合うようにできているからだ」という非常に相対的な説明しかなくなる。「本当に本性なのか?」というと、人間はそうは思いにくいことを歴史的にいっぱいやってきています。だとしたら、どうして「助け合うのが人間の本性だ」と根拠づけられるのかというと、たぶんヒューマニズムでは根拠づけられないと思います。

そういうヒューマニズムでは、若い子がニヒリズムに陥って、「神なんていない。絶対なものなんてない。なんでみんなで助け合わなければならないんだ。オレの勝手だろう」と言い出したら、「そのほうが社会がうまくいくんだよ」と答えるしかない。それに対して「社会なんてうまくいかなくてもいい。空しくて死にたいんだから、社会がうまくいこうがどうしようが、そんなことオレの知ったこっちゃない」とエゴイズム的な発言をされたら、もうそこから先言うことがなくなる。

推測するに……統計的にも言えるようですが、スウェーデンでは薬物依存の青少年が非常に増えてきている。これは大きな社会問題のようです。

それから、私自身、スウェーデンの実業家、五〇歳くらいの人と飛行機で一緒になっていろいろ語ったんですが、その彼が、「とにかくスウェーデンの若者たちは働かなくなっている。これは困る。これがスウェーデン社会のこれからの大問題だ」と言っていました。

協力も勤勉も明らかにプロテスタントの倫理です。その影響の名残りが、「やはり人間は働かなくては」というスウェーデンの勤勉な国民性を今まで保ってきたと思います。それから、「人間は助け合うもの」というのも、ヴァイキング時代からの民族性もあるでしょうが、やはりプロテスタント・キリスト教の「愛」という理念からきています。実際、明らかに言えるのは、今、四〇代、五〇代くらいの世代が社会の中枢にいますが、そういう世代は、まだ小さい頃、教会教育をけっこう受けた世代でしょう。そういう教育は受けていないという世代はこれからだと思われます。そうなった場合、スウェーデンは、ヒューマニズムだけでは精神性を支えきれないのではないか、と私は危惧《きぐ》しています。

それに対して、日本には仏教という基礎がありました。仏教は、「縁起《えんぎ》の理法」つまり宇宙のすべてはつながっていて結局は一つだという事実、現代科学ともちゃんと調和するような普遍的な価値に基づいていますから、仏教原理—神仏儒習合《しんぶつじゅしゅうごう》原理に基づいた和の国というのは、現代的に解釈すると非常に確実な根拠を持ちうる（拙著『唯識のすすめ』NHKライブラリー等、参照）。

だから、理念に関しては、日本のほうがこれから有利になる可能性があります。スウェーデンの成果をすべて学びながら、スウェーデンに足りない理念の普遍的な根拠をちゃんと明示しながら、「こういう国をつくらなければならないんじゃないでしょうか」と呼びかけていくことが、日本人が千数百年培《つちか》って今薄れつつある国民精神を、もう一回呼び起こすことになるのではないか。

それができたら日本もきっとなんとかなる。国民一人ひとりが力を合わせれば、日本は「東日本大震災」から復旧・復興し、「日本の再生」は必ずできる！　新しい日本をつくることができる！　『十七条憲法』の言葉を借りれば「何事か成らざらん」と私は信じているわけです。

【著者紹介】

岡野守也（おかの　もりや）

1947年生まれ。関東学院大学大学院神学研究科修了。牧師、出版社編集長を経て、現在、サングラハ教育・心理研究所主幹。「持続可能な国づくりの会」運営委員長、日本仏教心理学会副会長。法政大学、武蔵野大学、桜美林大学で教鞭を執る。

主な著書に『トランスパーソナル心理学』『唯識の心理学』『大乗仏教の深層心理学』（青土社）『唯識のすすめ』（NKHライブラリー）『わかる唯識』（水書坊）『道元のコスモロジー』『聖徳太子「十七条憲法」を読む』（大法輪閣）『仏教とアドラー心理学』（佼成出版社）『コスモロジーの創造』（法蔵館）ほか、訳書に『万物の理論』（ケン・ウィルバー著、トランスビュー）など。

「日本再生」の指針

二〇一一年七月一二日　第一刷

著　者　岡野守也

発行者　山下隆夫

企画・編集　株式会社　ザ・ブック

東京都新宿区若宮町二九　若宮ハウス二〇三

電話（〇三）三二六六―〇二六三

発　行　太陽出版

東京都文京区本郷四―一―一四

TEL（〇三）三八一四―〇四七一

FAX（〇三）三八一四―二三六六

印刷・製本　株式会社　シナノ

ISBN 978-4-88469-710-5